W0073049

BASTEI
LÜBBE
TASCHENBUCH

Über den Autor:

Peter Vollmer, Jahrgang 1962, ist Kabarett-Profi und gastiert als Solist deutschlandweit auf namhaften Bühnen. In seinen mehrfach ausgezeichneten Programmen hat er sich oft mit Lebensträumen und Lebenswirklichkeit männlicher Mittelschichtsangehöriger in den mittleren Jahren beschäftigt. Er arbeitete von 1995 bis 2005 als Autor des satirischen Fernsehbeitrags *Im Haus der Hohen Tiere* für das WDR-Politikmagazin Westpol und veröffentlichte die Bücher *Wenn Männer zu sehr 40 werden* und *Darf's noch eine Hüfte sein?* Peter Vollmer ist verheiratet, Vater zweier Söhne und lebt in Köln. Weitere Informationen erhalten Sie unter www.peter-vollmer.de

Peter Vollmer

Wer den inneren Schweinehund besiegen will,

muss die Sau rauslassen

Ein Selbstoptimierungsversuch

BASTEI
LÜBBE
TASCHENBUCH

BASTEI LÜBBE TASCHENBUCH
Band 60923

Dieser Titel ist auch als E-Book erschienen

Originalausgabe

Dieser Titel wurde vermittelt durch die Berliner Literaturagentur
Wortunion

Copyright © 2017 by Bastei Lübbe AG, Köln
Umschlaggestaltung: ZERO Werbeagentur, München
Unter Verwendung eines Motivs von © FinePic, München
Satz: Urban Satzkonzept
Gesetzt aus der Joanna
Druck und Verarbeitung: GGP Media GmbH, Pößneck
Printed in Germany
ISBN 978-3-404-60923-9

5   4   3   2   1

Sie finden uns im Internet unter www.luebbe.de
Bitte beachten Sie auch: www.lesejury.de

INHALTSVERZEICHNIS

VORWORT:
Was in diesem Buch steht –
und warum Sie es lesen sollten!

Es kommt immer wieder vor, dass Sie mit sich und Ihrem Leben hadern, weil Sie sich als unzulänglich empfinden? Und für diese Unzufriedenheit lassen sich auch noch handfeste Gründe aufzählen? Sie haben auf dem Konto zu wenig, dafür auf der Waage zu viel? Sie laufen rum, als hätten Sie Ihre Garderobe beim Räumungsverkauf einer Reste-Rampe zusammengeklaubt? Und können Ihre Facebook-Freunde an den Fingern einer Hand abzählen? Selber schuld!

Ihre Lebensumstände, Ihr Aussehen, beruflichen Erfolg und persönliches Glück können Sie doch in beinahe jeder Lebensphase nach Idealbildern formen, wenn Sie nur das richtige Programm anwenden, dem passenden Mentor, Coach oder Lehrer folgen oder zu anderen Mitteln der Selbstoptimierung greifen, sei es eine Pille, eine Operation oder eine schlichte Smartphone-App.

Ich weiß, wovon ich rede, denn es ist noch gar nicht lange her, da bin ich selbst eher suboptimal durchs Leben getaumelt. War ein mittelgroßer Middle-Ager von mittlerem Gewicht und leicht vernachlässigtem Äußeren. Mister Unscheinbar. Wäre ich Ihnen zu der Zeit über den Weg gelaufen, Sie hätten mich vielleicht mitleidig belächelt oder mich schlicht und ergreifend übersehen.

Ich hatte, wie es so schön heißt, »den Schuss nicht gehört«. Hatte nicht realisiert, dass es heute nicht mehr ausreicht, seinen

Job halbwegs vernünftig zu erledigen und ansonsten ein möglichst netter Kerl zu sein.

Dass irgendwann auch in meiner Umgebung immer mehr Menschen anfingen, ihr Leben nachhaltig zu ändern, um zu fitteren, besser aussehenden und glücklicheren Menschen zu werden, ließ mich zunächst unbeeindruckt. (Schlimmer noch: Als Kabarettist kommentierte ich es spöttisch und zog es ins Lächerliche.) Schließlich aber führte mir das Beispiel eines unserer Nachbarn vor Augen, dass selbst schlichteste Gemüter zu einem filmreifen Auftritt in der Lage sind – da war dann mein Ehrgeiz geweckt, und ein dunkler Drang wurde zum Entschluss: Okay, ich mache jetzt auch mit!

Wobei ich – ehrlich gesagt – davon ausging, dass ich halt hin und wieder etwas Sport treiben würde und die Sache damit erledigt sei. Aber wer mit der Selbstoptimierung einmal anfängt, der kann nicht wieder damit aufhören. Am Beginn stand bei mir der harmlose Kauf einer Laufhose. Doch zog dieser erste Schritt unweigerlich andere nach sich. Ob man von einer regelrechten Sucht sprechen muss, weiß ich nicht; eine Kettenreaktion war es allemal. Nach der Laufhose kam das Fitnessarmband. Nach diesem das Personal Training, das Muskelaufbau-Work-out und so weiter und so fort.

Um nicht nur fit zu sein, sondern dabei auch noch gut auszusehen, habe ich irgendwann Dinge getan, die ich mir vorher niemals hätte vorstellen können. Wie Sie sehen werden, war der Besuch eines Kosmetikstudios noch eines der harmloseren Beispiele.

Aber so umfassend alle Maßnahmen auch erscheinen mochten, auf der Leiter der Perfektionierung waren sie in Wahrheit nur die ersten Sprossen. Wer die erklommen hat, für den geht es überhaupt erst richtig los. Als bald schon viel beschäftigter High Performer musste ich nämlich zusehen, wie ich die Balance zwischen Beruf und Familie, privatem und öffentlichem Umfeld, Aktivität und Entspannung bewahren konnte. Wie man das hinbekommt? Nun, dafür gibt es natürlich auch die entsprechenden Kurse.

Was aber wären alle diese Anstrengungen überhaupt wert, wenn sie nur der öden Selbstbespiegelung dienten? Anders gefragt: Wofür macht man sich die Mühe? Glücklicherweise bewege ich mich in einem Umfeld, das mir genau im richtigen Moment auch diesbezüglich die entsprechenden Herausforderungen gestellt und Anleitungen gegeben hat.

So habe ich schließlich einen ganzen Kosmos der Persönlichkeitsveredelung durchschritten. Ich habe dabei gewiss manchen Plunder erworben und den einen oder anderen Scharlatan getroffen, aber eben auch viele wertvolle Anregungen erhalten und bin – tatsächlich! – ein neuer Mensch geworden, wenn auch ein wenig anders, als ich mir das zu Beginn vorgestellt hatte.

Und? Klingt das so, als könnte es auch für Sie eine Möglichkeit sein, aus dem tiefen Tal der Unzufriedenheit herauszukrabbeln? Na dann … begleiten Sie mich doch als Leser auf meiner Selbstoptimierungsreise, und gewinnen Sie dabei gleich eine ganze Reihe nützlicher Erkenntnisse: Welche Möglichkeiten der Markt der Selbstoptimierung heute bietet, wie diese Angebote funktionieren, und worauf Sie achten sollten, wenn Sie auch welche wahrnehmen wollen.

Am Ende jedes Reiseabschnitts ziehe ich eine Zwischenbilanz, für die ich freilich meine eigenen Kriterien entwickelt habe: Wen interessieren objektive Ergebnisse? Hauptsache, die unternommenen Schritte tragen dazu bei, dass ich mich besser fühle.

Die Maßnahmen sollen in meinem Umfeld Eindruck machen (und ja: gerne auch Neid erzeugen), z.B. in den sozialen Medien. Um hier meinen Erfolg zu messen, habe ich eigens einen absolut validen »Facebook-Check« entwickelt.

Der übers Lebensglück eigentlich entscheidende Satz aber lautet »Happy wife, happy life«. Heißt hier: Mit dem, was ich tue, muss vor allem meine Frau zufrieden sein. Dies zu erreichen hat sich dann tatsächlich auch als der schwerste Teil der Übung herausgestellt.

Wer sich verändern will, hat es leider oft mit einem »inneren Schweinehund« zu tun, der sich jedweder Entwicklung zum Besseren knurrend in den Weg stellt.

Den zu überwinden fällt leichter, wenn Sie sich Ihrer stärksten Motive bewusst sind. Deswegen möchte ich Sie dazu ermutigen, gerade jene Antriebskräfte für sich zu nutzen, die Ihnen als nicht besonders edel erscheinen; die Rede ist von so unsympathischen Charakterzügen wie Eitelkeit, Stolz und Geltungsdrang. Ich habe an mir selbst festgestellt, dass ausgerechnet die eher »niederen Beweggründe« den besten Treibstoff für Veränderungen abgeben. Oder anders gesagt: Wer den inneren Schweinhund besiegen will, muss die Sau rauslassen.

Dieses Buch wird Ihnen also in jedem Fall weiterhelfen. Wenn Sie noch nicht auf dem Selbstoptimierungstrip sind, kann dieses Buch Sie dazu inspirieren. Wenn Sie direkt loslegen wollen, finden Sie konkrete Beispiele, an denen Sie sich orientieren können.

Apropos: Von meiner Transformation in einen überzeugend agierenden Supermann dürfen Sie sich bei Gelegenheit gerne selbst überzeugen. Meine Kabarett-Tournee führt mich nämlich bestimmt auch einmal in Ihre Nähe. Schauen Sie doch einfach vorbei!

I
WIE ALLES ANFÄNGT

Der Tag, an dem ich beschließe, ein anderer Mensch zu werden, ist ein Samstag. Ein Tag, der eigentlich ganz hervorragend beginnt. Als ich morgens aufwache, bin ich mit meinem alten Ich jedenfalls noch ziemlich zufrieden.

Ich freue mich sogar ein bisschen auf die Familienunternehmung, die heute angesagt ist: Wir erfüllen unseren Söhnen Felix und Jonas – sie sind acht und elf Jahre alt – den lang gehegten Wunsch, mal wieder ein Spaßbad zu besuchen.

Als meine Frau Marianne unsere Badesachen packt, wirft sie einen sehr sparsamen Blick auf meine siebzehn Jahre alte und, wie ich zugeben muss, wirklich schon sehr ausgeleierte Badehose. Jonas schleppt seinen Seepferdchen-Schwimmreifen an. Natürlich können unsere Jungen beide schwimmen, aber er will ihn aus nostalgischen Gründen dabeihaben und hat ihn zu diesem Zweck extra und »Ganz alleine!« aufgepustet. Ich mache Anstalten, die Luft wieder herauszulassen, weil das Ding nicht in die Tasche passt; Marianne aber schaut mich vorwurfsvoll an: »Jonas ist so stolz, dass er den Reifen selbst aufgepustet hat.«

»Und wie sollen wir ihn dann bitte transportieren?«

»Na, Papa soll ihn umziehen«, sagt der Kleine.

»Wenn ich der Mannschaft helfen kann.« Ich ergebe mich seufzend meinem Schicksal, steige in den Schwimmreifen und ziehe ihn – Seepferdchen vorne – bis zu den Hüften hoch.

Dort sitzt er ziemlich fest.

Als wir dann vor die Haustür treten, bekommt Felix plötzlich große Augen und meint: »Ey, guckt mal da!«

Er hätte gar nichts sagen müssen. Wir sehen – und hören – es auch so: Mit tief blubberndem Motorengeräusch kommt ein Ungetüm aus Blech und Chrom um die Ecke gerollt. Ein Auto, so breit, dass es kaum auf den schmalen Fahrweg vor der Häuserreihe passt, der von den Anwohnern zum Be- und Entladen benutzt werden darf. Es ist eines der Gefährte, die man als »SUV« bezeichnet. Und als wäre die Nutzung dieser Art von Fahrzeug in der Stadt und auf der Autobahn nicht ohnehin schon eine Ausgeburt gesteigerten Schwachsinns, hat man dieses Exemplar noch zusätzlich mit Heckreling, Dachspoiler und Trittbrettschweller aufgeplustert.

Der Mann, der dann aus diesem fabrikneu glänzenden Gefährt steigt, hat eine von Stolz geschwellte Brust und ein Grinsen, das aussieht, als würde man es auch durch die Explosion von zwei Tonnen TNT nicht aus seinem Gesicht pusten können – es ist unser Nachbar Holger.

Er wohnt noch nicht lange hier, betreibt irgendwie ein Büro für Versicherungs- und Finanzfragen, ist für meine Begriffe immer ein bisschen zu gut drauf, ein bisschen zu optimistisch, ein bisschen zu gut angezogen und immer deutlich zu laut. Aber mir wird in diesem Moment klar, dass die Sonne heute gar nicht für mich aufgegangen ist, sondern einzig und allein für ihn. Nicht nur das Wetter passt, auch der Zeitpunkt ist ideal gewählt, weil gerade jetzt viele zum Einkaufen oder zu sonstigen Unternehmungen aus den Häusern kommen. Und Holger genießt den Moment sichtlich. Genau wie sein unsinnig großes Auto scheint er selbst auch getunt zu sein: Er trägt eine Jeans, die gerade eben so ausgewaschen ist, dass sie lässig, aber immer noch teuer aussieht, hat ein T-Shirt an, das seinen mächtigen Brustkorb betont und den Blick auf die trainierten Oberarme lenkt. Und seine Zähne gleißen so gletscherweiß, als wären sie nicht von dieser Welt.

Einen Moment noch glaube ich, hoffe ich, bete ich, meinen Söhnen die nötige Charakterstärke vermittelt zu haben, sich von so einem Aufriss nicht blenden zu lassen. Schon aber sagt Felix mit Blick auf Holgers vierrädrigen Umweltkiller: »Alter, was für eine Hammerkiste!«

Obwohl das anatomisch eigentlich gar nicht möglich ist, wird Holgers Grinsen noch einmal vier Zentimeter breiter. »Morgen, Jungs! Wollt ihr euch mal reinsetzen?«

Mein schwaches »wir müssen aber los« verhallt ungehört. Die Jungs stürmen zu Holgers Auto, dürfen eine Ewigkeit darin herumklettern und sogar die Musikanlage laut aufdrehen, was dazu führt, dass sich um Holger und seinen SUV nach und nach eine Menschentraube bildet und dass aus den umliegenden Häusern Dutzende Schaulustige neugierig aus ihren Fenstern gucken.

Ich wiederum schaue hilfesuchend zu Marianne. Sie muss jetzt der Rettungsanker sein und zumindest eines tun: Dieses unwürdige Schauspiel mit ihrem unbestechlichen, leicht abfälligen Blick als das einordnen, was es ist: ein Affentheater. Marianne aber schaut überhaupt nicht abfällig, sie schaut im Gegenteil ziemlich lange und unergründlich auf Holger und sein neues Auto. Und dann sagt sie den unglaublichen Satz: »Och, ich glaube, zum Einkaufen ist so ein Ding schon ganz praktisch.«

Ich wende mich entnervt ab, sicher, dass Holger jedes dieser Worte genüsslich registriert hat und sich dabei innerlich vor Lachen kringelt.

Wie um mir zu bestätigen, dass er mit seiner Aufmerksamkeit tatsächlich ganz bei uns ist, ruft er hinter mir her: »Ach, übrigens …«

»Ja?«, antworte ich und drehe mich wieder zu ihm um. Er steht immer noch breit grinsend in der offenen Tür seines Vehikels. Zeigt mit ausgestrecktem Arm auf mich und den Körperschmuck, den ich mit mir trage, an den ich aber schon gar nicht mehr gedacht hatte, und ruft: »Cooles Seepferdchen!«

Die Schaulustigen, die sich eben noch um Holgers Auto gedrängt oder das Geschehen aus dem Fenster verfolgt haben, drehen sich nun – so kommt es mir zumindest vor – allesamt in meine Richtung und finden das, was sie da sehen, offenbar zum Brüllen komisch. Das Lachen will gar nicht mehr abebben. Und auch wenn es erst kurz nach zehn am Vormittag ist – für mich geht die Sonne jetzt endgültig unter. Meine Frau und meine Kinder tun, als gehörte ich nicht zu ihnen, und ich darf für mich verbuchen, im Dienste von Holgers Assi-Performance auch noch den äußerst erfolgreichen Schlussgag geliefert zu haben. Es ist dies der Moment, in dem ich denke, dass sich an meinem Leben etwas ändern muss. Und zwar gründlich.

Als wir abends bei einem Glas Rotwein auf der Couch sitzen, drängt es mich, Marianne etwas zu fragen: »Sag mal, findest du mich eigentlich noch attraktiv?«

»Aber ja. Das weißt du doch.«

»Wirklich?«

»Sagen wir so: Eine neue Badehose könntest du dir wirklich mal kaufen.«

»Mal abgesehen von der Badehose … Wenn du mich heute kennenlernen würdest, würdest du mich dann auch wieder heiraten?«

»Wie würde ich dich denn kennenlernen?«

»Na, vielleicht würde dir meine Kontaktanzeige auffallen: ›Ich suche dich, wenn du über mein schütteres Haar streichen, in meinen Bauchansatz kneifen und mir dabei helfen möchtest, mit meinem Durchschnittsgehalt über die Runden zu kommen. Was ich sonst noch zu bieten habe? Keine Muskeln, zu hohe

Cholesterin-Werte und einen Musikgeschmack, der sich an vierzig Jahre alten Platten aus der Kategorie ›Schweinerock‹ orientiert. Neugierig geworden? Dann melde dich, ehe eine der zahlreichen Mitbewerberinnen dir deinen Traumprinzen vor der Nase wegschnappt!‹«

Marianne lacht. »Hör mal! Hat dir schon mal jemand gesagt, dass es gerade die kleinen Mängel und Macken sind, die einen Menschen liebenswert machen?«

»Okay, aber warum müssen das so verdammt viele Mängel sein?«

»Jetzt mach dich mal nicht kleiner, als du bist. Es läuft doch alles ganz gut. Wir haben doch alles, was wir brauchen.«

»Nur eben kein einkaufsfreundliches Großraumfahrzeug mit niedriger Ladehöhe.«

»Ach, bist du noch mit dem Auftritt von Holger beschäftigt? Da stehen wir doch drüber.«

»Dafür, dass wir da drüberstehen, hast du ihn aber ganz schön fasziniert angeschaut.«

»Fasziniert allenfalls von der Tatsache, was für Lebensformen auf diesem Planeten existieren können.«

»Wie würdest du denn die Lebensform Holger beschreiben?«

»Als muskulöse Lebensform, kurz MuLF.«

Darüber müssen wir beide lachen.

»Trotzdem«, sage ich nach einer Weile, »ich könnte ja auch mal anfangen, irgendeinen bekloppten Sport zu machen. Könnte mir mal was Großes vornehmen. Und eine Kontaktanzeige aufgeben, die so faszinierend ist, dass du dich einfach darauf melden musst.«

»Nämlich?«

»In meinem eleganten Sportwagen ist der Beifahrersitz noch frei: Solventer Middle Ager, beruflich erfolgreich, knackige Erscheinung, will seine Traumfrau zu den schönsten Plätzen dieser Welt entführen.«

»Ich möchte aber bitte nicht, dass du ein zweiter Holger wirst.«

»Nein, Baby, ich gehe die Sache so an, dass Holger ein Typ wie ich werden will.«

»Hui, da hast du dir ja einiges vorgenommen.«

Wäre nur eine kleine Prise Häme in der Art, wie sie es sagt, dann wäre ich vielleicht beleidigt verstummt oder würde das Thema wechseln, und alles liefe so weiter wie bisher. Aber sie sagt es nicht mit Häme, sondern mit Neugier. Im Grunde so, als würde sie mich eigentlich auffordern: »Ja, mach doch mal!«

Und es ist, als täte mein Herz in diesem Moment einen Sprung, als schösse eine Wunderdroge in meine Blutbahnen. Ich denke: Ja, verdammt − ich mache mal! Warum zum Teufel soll aus so einem Bild denn keine Wirklichkeit werden? Ich meine, was ein Sparflammen-Intelligenzler wie Holger fertigbringt, müsste mir doch dreimal gelingen. Ich sehe auch schon die ersten Highlights meines künftigen Lebens vor mir: Auf einer feierlichen Gala nehme ich unter Blitzlichtgewitter eine begehrte Auszeichnung entgegen, schließe meine überglückliche Frau und meine stolzen Söhne in die Arme, trete anschließend mit ihnen den Flug zu unserem idyllisch gelegenen Urlaubsquartier an, wo ich wenig später vor einer atemberaubenden Naturkulisse einen Marathon absolviere und als Altersklassenbester im Ziel ankomme. Über all das wird exklusiv in einer der führenden deutschen Illustrierten berichtet; ein gewisser Holger hält ein Exemplar in der Hand und blättert − quittegelb vor Neid − durch die reich bebilderten Seiten. So wird es aussehen, mein neues Leben. Und ich fange gleich damit an! Also gleich morgen…

II
FITNESS

Lauftextilien. Die Hose meines Herzens

Auch große Veränderungen beginnen mit einem kleinen Schritt. Mein Wandel zum Supermann bleibt kein Traum, sondern der Startschuss dazu fällt tatsächlich. In gewisser Weise jedenfalls, denn Startschuss bedeutet nicht etwa, dass ich mich direkt an die Startlinie eines Marathons begebe – sorry, aber so weit bin ich noch nicht! Ich muss mir doch erst einmal eine fürs Laufen geeignete Hose kaufen. Denn wenn ich die Leute aus der Nachbarschaft zu ihren abendlichen Trainingsrunden aufbrechen sehe (und wie es scheint, trainieren die eigentlich alle – außer mir), dann tragen sie dabei jetzt immer diese eng anliegenden, windschlüpfrigen Hochglanzdinger in signalfarbenem Technik-Design. Träger solcher Textilien scheinen sich in Laufmaschinen zu verwandeln, die quasi anstrengungslos ins Ziel getragen werden. Daneben werde ich mich natürlich nicht mit einer Nullachtfünfzehn-Billigfaser vom Discounter lächerlich machen. Nein, ich habe nicht nur die feste Absicht, dem Bild eines perfekten Athleten zu entsprechen, ich tue auch das, was dafür notwendig ist: Ich suche das führende Sportfachgeschäft der Stadt auf.

Dort wird mir allerdings klar, dass ich in Sachen »souveränes Auftreten in ungewohnter Umgebung« noch einiges zu lernen habe. Im ersten Moment bin ich vollkommen eingeschüchtert. Tausenderlei fremdartige und knallbunte Kleidungs- und Ausrüstungsgegenstände sind hier zu besichtigen, und es scheint von durchtrainierten Elitesportlern nur so zu wimmeln. Da fühle ich mich völlig fehl am Platz – und sehe wohl auch so aus. Keine Sau kümmert sich um mich. Man scheint mich für einen erbarmungswürdigen Deppen zu halten, der sein Versehen hoffentlich schnell bemerken und schleunigst wieder verschwinden wird.

Und wirklich überlege ich, ob es nicht das Beste wäre, einfach auf dem Absatz kehrtzumachen und den ganzen Quatsch zu vergessen, aber eine Stimme in meinem Kopf widerspricht: »Bursche, wenn es Überwindung kostet, dann ist es genau das Richtige! Dann heißt es, dass du jetzt und hier deine erste Bewährungsprobe bestehen kannst. Bleib dran, tu es, sorge dafür, dass dein neues Leben anfängt! Go!«

Also hole ich tief Luft, versuche, unter den hier anwesenden Gestalten diejenige ausfindig zu machen, die am ehesten den Eindruck erweckt, dass es sich bei ihr a) nicht um einen anderen Kunden und b) auch nicht um eine Schaufensterpuppe handelt. Ich entscheide mich für einen Mann, der in meinem Alter sein könnte, dabei aber ausgesprochen drahtig wirkt, und nenne ihm mein Anliegen: »Guten Tag, ich hätte gerne eine Laufhose. Größe M.«

Nun möchte man ja, selbst wenn man als offenkundig ahnungsloser Sportnovize daherkommt, vom dienstleistenden Servicepersonal nicht gerne veräppelt werden, genau das aber scheint der Verkäufer mit mir im Sinn zu haben, denn er fragt mich allen Ernstes: »Womit soll die Hose denn ausgestattet sein?«

»Also, wenn es nach mir geht«, sage ich, »sollte sie mit zwei Hosenbeinen ausgestattet sein. Für mehr als zwei habe ich im Moment keine Verwendung. Und in Hosen mit nur einem Bein komme ich immer so schwer vom Fleck. Es geht mir ja ums Laufen und nicht ums Sackhüpfen.«

Jetzt ist es der Verkäufer, der tief Luft holt. Es dürfte ihm gerade klar geworden sein, dass er es bei mir mit einem – sagen wir – anspruchsvollen Kunden zu tun hat.

»Sollen es Shorts sein oder Tights?«

»Worin besteht gleich wieder der Unterschied?«

»Shorts sind die kurzen, weit geschnittenen, Tights die langen, eng anliegenden.«

»Dann bitte Tights.«

»Dachten Sie an eine Hose mit Kompressionsfunktion?«

Hoppla, was ist das denn?, überlege ich. Kompression? Druck? Dieses Laufen ist doch sicher anstrengend genug. Da habe ich eigentlich nicht vor, mich noch mit zusätzlichem Druck in der Hose zu belasten. Dieser Druck könnte im schlimmsten Fall dazu führen, dass delikate Körperteile eingedrückt, gequetscht oder – man stelle sich das vor! – zusammengepresst werden, so wie man es früher mit Trockenblumen im Lexikon gemacht hat; die Körperteile taugten dann allenfalls noch zu Dekorationszwecken. Zu so einem bizarren Blödsinn habe ich eine klar definierte Haltung: »Nein, eine Kompressionshose möchte ich bitte nicht.«

»Soll es dann vielleicht ein Windblocker sein?«

Ich bin zwar nicht ganz sicher, was für Winde da blockiert werden, sage an dem Punkt aber sicherheitshalber »ja«.

»Legen Sie Wert auf ein besonderes Feuchtigkeitsmanagement?«

Nun scheint mir der Gesprächsverlauf in eine vollkommen falsche Richtung zu gehen, also erinnere ich mein Gegenüber daran, worum es mir eigentlich geht: »Feuchtigkeitsmanagement? Guter Mann, ich brauche eine Hose, keine Windel.«

Ich erwarte, dass die wichtigsten Fragen des Laufhosenkaufs damit geklärt sind, doch ich sehe mich getäuscht. Der Verkäufer arbeitet noch einen ellenlangen Katalog weiterer Kriterien ab:

Welche Art der Klimafunktion? Wie sieht das Nutzungsprofil aus? Distance oder Shorttrack? Indoor oder Outdoor? Da ich ohnehin keine Ahnung habe, wovon die Rede ist, wähle ich von den angebotenen Möglichkeiten mal diese, mal jene aus und beginne bald verstohlen auf die Uhr zu schauen. Ich komme zu spät nach Hause, Marianne macht mir die Hölle heiß. Aber dann stellt der Verkäufer eine Frage, die all diese Probleme in den Hintergrund treten lässt: »Brauchen Sie die Hose für Training oder Wettkampf?«

Wettkampf! Also bin ich hier doch vollkommen richtig. Ich empfinde diese Zuschreibung als Ritterschlag: Der Verkäufer (es handelt sich ja nun um einen Mann von profundem Sachverstand und mit langjähriger Erfahrung) traut mir offenbar ohne Weiteres die Teilnahme an Wettkämpfen zu. Wieder sehe ich mich als Starläufer, der federnden Schrittes und von einer vielköpfigen Menge umjubelt bei einem Mega-Event die Ziellinie überfliegt, und bin von diesem Tagtraum so beseelt, dass der Verkäufer sich und seine Frage dezent in Erinnerung bringen muss: »Training oder Wettkampf – oder vielleicht eine Universal-Hose für wettkampforientiertes Training?«

»Was? Äh, ja. Das wäre wohl genau das Richtige.«

»Wie viele Wochenkilometer absolvieren Sie denn zurzeit?«

Die korrekte Antwort auf diese Frage wäre »null«, aber ein solches Eingeständnis kann ich hier natürlich nicht machen. Ich sage vielmehr: »Nach einer verletzungsbedingten Pause bin ich gerade dabei, die Umfänge langsam wieder zu steigern.«

Weiß der Geier, woher mir solche Wendungen zufliegen, aber der Verkäufer scheint mich auf einmal mit ganz anderen Augen zu sehen. Sagt sogar: »Ja, das kenne ich. Ich hatte auch gerade Probleme mit dem Innenmeniskus.«

Dazu wiederum nicke ich verständnisvoll, und einen Moment habe ich das Gefühl, als wären wir beide langjährige Laufkameraden, hätten Tausende Kilometer gemeinsam absolviert, und nur mit Mühe kann ich den Impuls unterdrücken, ihn wegen seines kaputten Innenmeniskus tröstend in den Arm zu nehmen.

Eine Hose habe ich allerdings immer noch nicht; mein neu gewonnener Sportsfreund muss jetzt erst einmal ins Lager gehen, um geeignete Beinkleider herbeizuschaffen. Weitere zehn Minuten vergehen, bis er endlich mit einem bunten Haufen von Textilien wieder auftaucht. Meine Güte, wenn ich die alle anprobieren muss, dann ist der Tag echt gelaufen.

Im gleichen Moment aber sticht mir ein Hosenexemplar mit ganz besonderem Design ins Auge: Auf schwarzem Untergrund sind bei diesem Modell die einzelnen Partien der Beine – Knie, Wade und Oberschenkel – anatomisch nachgezeichnet. Und zwar derart, dass man meint, Kniegelenke aus Edelstahl und Muskelstränge aus Carbonfasern vor sich zu haben. Vollkommen klar: Das ist meine Hose!

»Die da«, sage ich und zeige auf das Prachtstück, »können Sie mir gleich einpacken.«

»Ja, wollen Sie denn die Hose gar nicht anprobieren?«

»Wieso, ist doch Größe M?«

»Wie Sie gesagt hatten, ja.«

»Dann wird die schon passen.«

»Okay, und äh... wie ist es denn eigentlich mit Laufschuhen? Haben Sie die schon?«

»Oh ja. Die habe ich schon.« Vor etwa vier Jahren habe ich nämlich welche zum Geburtstag geschenkt bekommen. Von wem, weiß ich nicht mehr. Ich erinnere mich aber, sie einmal angezogen zu haben. Sie haben gepasst und schlummern seitdem in ihrer Verpackung irgendwo in einem Kellerregal, was der Verkäufer natürlich nicht im Detail zu wissen braucht. Er begleitet mich jetzt mit der Hose meines Herzens zur Kasse und wünscht mir zum Abschied viel Erfolg.

Als dann ein dreistelliger Betrag auf dem Kassendisplay erscheint, glaube ich zunächst, es sei noch irgendjemand vor mir an der Reihe, der eine umfangreiche Läufer-Komplett-Ausstattung zu berappen habe, aber nein – ich bin derjenige, den die Kassiererin erwartungsvoll anschaut und an den sie die Frage »Sammeln Sie Punkte?« richtet. Ich sammle keine Punkte, aber ich sammle gerade wertvolle Erfahrungen. Beispielsweise die, dass es durchaus sinnvoll sein kann, vor dem Kauf eines Sportprodukts mal auf das Preisschild zu schauen. Ich muss ganz schön schlucken, sage mir dann aber, dass der Beginn eines neuen Lebens eben nicht umsonst zu haben ist.

Als die Kassiererin mir die Tüte aushändigt, habe ich das Gefühl, dass da außer dem Kassenzettel gar nichts drin ist. In Wahrheit ist die Hose ultraleicht – wenn ich nicht höllisch aufpasse, könnte es durchaus sein, dass sie mir vor der Nase wegschwebt.

Auf dem Weg nach Hause lese ich auf der beiliegenden Produktinformation, dass ich ein Textil erworben habe, mit dem man vermutlich auch die Sahara durchqueren, den Mount Everest bezwingen und den Mond umrunden könnte. Die Hose verfügt über eine ganze Reihe erstaunlicher Eigenschaften. Sie ist zum Beispiel »atmungsaktiv«. Ich weiß nicht genau, wie sie atmet; Atembewegungen sind zumindest nicht zu erkennen, wenn sie so zusammengefaltet in der Tüte liegt. Auch nach längerem Beobachten kann ich nicht herausfinden: Wo atmet die Hose ein? Wo atmet sie wieder aus?

Als ich später versuche, die Hose anzuziehen, stelle ich fest: Die ist so unglaublich eng, diese Hose muss atmen, denn ich kann es gar nicht mehr.

Und ist das nicht überhaupt eine unglaubliche Sache? Der menschliche Erfindungsgeist bringt Hosen hervor, die in der Lage sind zu atmen. Bestimmt gibt es irgendwann Hosen, die auch ganz alleine laufen. Ich sehe das vor mir: Eines Tages werden Wettbewerbe veranstaltet, bei denen laufen nur die Hosen. Da stehst du an der Tartanbahn und feuerst deine Hose an.

Gut, ganz so weit ist es noch nicht, und ich bin fest entschlossen, selbst zu laufen; was allerdings nicht ohne Überwindung weiterer Hindernisse funktioniert, denn der Karton mit meinen Laufschuhen, den ich irgendwo im Keller vermute, bleibt trotz einer intensiven und langwierigen Suche unauffindbar.

»Versager!«, beschimpfe ich mich. »Ewiger Schluffi!« Denn ich sehe die reale Gefahr, dass meine Sportlerkarriere enden könnte, bevor sie überhaupt angefangen hat. Dann aber – ich habe gar nicht mehr wirklich gesucht, sondern im Grunde nur noch verzweifelt überall rumgeguckt – finde ich den Karton an einer vollkommen unvermuteten Stelle, nämlich im linken unteren Eck meines Kleiderschranks. Versteckt unter einer Staubschicht von so imposanter Dicke, dass das Öffnen des Kartons erst einmal eine handfeste Niesattacke auslöst.

Bei der Gelegenheit entdecke ich noch ein Kleidungsstück, welches die neu erworbene Laufhose und die wieder aufgetauchten Schuhe in – wie ich meine – optimaler Weise ergänzt, nämlich ein weit geschnittenes (man könnte auch sagen: total ausgeleiertes), schwarzes Baumwoll-T-Shirt, das auf der Vorderseite von den Überresten eines Iron-Maiden-Emblems und auf der Rückseite von den im Einzelnen nicht mehr entzifferbaren Daten einer »World-Tour 1994/95« geziert wird.

In dieser Gewandung laufe ich im Flur dann Felix und Jonas über den Weg, und – man kann es nicht anders sagen – die Jungs sind echt geschockt.

»Mama, Mama«, ruft Jonas, »guck mal, wie Papa aussieht.«

»Wie denn?«, fragt Marianne aus dem Wohnzimmer zurück.

»Der sieht aus, als hätte man den Terminator mit einem Altkleidersack gekreuzt.« Es ist Felix, der diese Bemerkung macht, und nicht zum ersten Mal finde ich, irgendjemand hätte unseren Kindern im Laufe des Erziehungsprozesses deutlich machen müssen, dass man seinen Eltern doch bitte schön ein Mindestmaß an Respekt entgegenzubringen hat.

An Marianne gewandt sage ich so beiläufig wie möglich: »Ich gehe eine Runde laufen.«

Jetzt ist sie es, die mich in meinem Sportlerdress zu Gesicht bekommt, und ihre Reaktion ist wirklich beeindruckend. Ich wusste, dass sie als Ausdruck des Erstaunens die linke Augenbraue hochziehen kann, aber dass sie die Augenbraue, grob geschätzt, einen halben Meter hochziehen kann, sehe ich in diesem Moment zum ersten Mal.

Davon abgesehen zeichnet sich nicht nur Erstaunen in ihrem Gesicht ab, sondern auch ein Gefühl, das man wohl als tief empfundene Sorge bezeichnen muss: »Du übertreibst es aber nicht?«

»Keine Angst.«

Und dann geschieht es tatsächlich: Ich! laufe! los! Ich gebe dabei gewiss nicht das gleiche Bild ab wie Sylvester Stallone, der als Rocky Balboa den Philadelphia Parkway entlangjoggt, mich begleitet vorerst keine Horde halbwüchsiger Fans, die mich mit ihren Zurufen anfeuert und auf Trab bringt, aber das wird schon kommen – ist bestimmt nur eine Frage der Zeit. Eine vielstufige Treppe zu einem Kunstmuseum, die ich großtuerisch hinauflaufen könnte, habe ich leider auch nicht in meiner Nähe, was mich jedoch nicht die Bohne betrübt, sondern heilfroh stimmt, denn Treppenstufen würde ich in meinem aktuellen Zustand bestimmt nur zwei oder drei schaffen und diese Bemühungen dann wohl auch mit einem Kreislaufkollaps bezahlen.

Das, was ich hier betreibe – so ehrlich will ich dann schon sein –, kann man nämlich nur mit viel gutem Willen als »Laufen« bezeichnen. Es sind einige Senioren mit Rollator unterwegs, die ich nur mit Mühe überhole. Trotzdem ist das Iron-Maiden-T-Shirt nach einer knappen halben Stunde triefnass geschwitzt und dadurch gut und gerne drei Kilo schwerer geworden.

Als ich wieder zu Hause ankomme, ist Brigitte, die nebenan wohnt, gerade dabei, ihr Fahrrad abzuschließen. Sie sieht mich und sagt: »Hör mal, ich wusste gar nicht, dass du so sportlich bist.«

»Bin – auch – gerade – erst – wieder – eingestiegen.« Ich benötige ein halbes Dutzend Atemzüge, um diesen Satz vollenden zu können.

»Das finde ich echt bewundernswert. Ich wünschte, ich wäre auch mal so konsequent. Und so, wie du aussiehst, hast du ja richtig gefightet. Trainierst du auch für einen Marathon?«

Auf diese Frage kann ich nur noch mit einer äußerst vagen Geste antworten. Eine Handbewegung, von der ich selbst nicht weiß, ob sie verzweifelte Abwehr oder Bestätigung ausdrücken soll. Für Brigitte scheint es beschlossene Sache zu sein, dass ich fortan als Leistungssportler zu betrachten bin.

»Stark! Und deine Laufhose – wow! –, die ist der absolute Hammer!«

Vor meinem geistigen Auge mache ich einen dicken Haken an diesen Tag: Perfekt! Mag ich von echten sportlichen Erfolgen noch Lichtjahre entfernt sein – Aufsehen und Anerkennung habe ich schon geerntet. Die Anschaffung der Laufhose jedenfalls hat sich allein dafür gelohnt.

Mein Personal Trainer. »Wie laufen Sie denn?«

Wenn die Heldensagen unserer Zeit erzählt werden, so sind es oft Geschichten von Sportlern und Kämpfern, die erst durch die innige Beziehung zu einem ebenso verständnisvollen wie knallharten Trainer und Mentor zu lebenden Legenden geformt worden sind: Was wäre ein Arthur Abraham ohne Ulli Wegner? Die deutsche Nationalmannschaft ohne Jogi Löw? Luke Skywalker ohne Meister Yoda?

Ich dagegen stehe ohne jegliche fachkundige Hilfe da, jogge einsam und alleine durch den Park und habe niemanden an meiner Seite, der mir immer wieder ein großes Ziel vor Augen hält (»Junge! Du willst Weltmeister werden!«) oder der auf sonst geeignete Weise (»Quäl dich, du Sau!«) das Letzte aus mir herausholt.

So habe ich zwar das erbarmungswürdige Stadium des nach Atem ringenden Anfängers irgendwann hinter mir gelassen, muss aber feststellen, dass darüber hinaus beim abendlichen Joggen keine rechte Entwicklung stattfinden will. Als ich dann zum etwa 120. Mal die ewig gleiche Strecke im Standardtempo entlanggezockelt bin, sage ich mir: So geht's nun wirklich nicht weiter!, und begebe mich auf die Suche nach geeigneter Anleitung. Im Netz findet sich das Angebot eines Vereins, in dem sich »leistungsorientierte Breitensportler« zusammengefunden haben – das scheint doch genau meine Kragenweite zu sein! Das Trainingsareal liegt in erreichbarer Nähe, der Termin passt, und so frage ich per Mail, ob ich zu einem Probetraining vorbeischauen kann. Ein Trainer namens Johann antwortet mir schon kurze Zeit später und lädt mich herzlich dazu ein.

Ort des Geschehens ist ein Sportgelände, das unter der Bezeichnung »Kampfbahn« firmiert; auch das gefällt mir richtig gut. Als ich erstmals hingehe, habe ich ordentlich Herzklopfen und muss mir eingestehen: Das Gefühl, das mich in diesem Moment beherrscht, ist schlicht und ergreifend Angst. Angst, dass ich mir da im Grunde viel zu viel vorgenommen habe. Angst, dass ich nicht mithalten kann. Angst, dass man mich hinter meinem Rücken auslacht. Der erste Blick auf die Anwesenden beruhigt mich aber schon ein wenig. Es schienen doch einige dabei zu sein, die auch nicht mehr ganz jung, auch nicht eben dürr, auch in den immerwährenden Kampf mit dem inneren Schweinehund verstrickt sind.

Beim Gedanken an den »Vereinstrainer« hatte ich zudem das Bild eines wettergegerbten Feldwebeltypen in blauem Trainingsanzug vor Augen gehabt, tatsächlich ist der Übungsleiter Johann ein junger Mann Anfang dreißig von zwar schlanker, ansonsten aber unauffälliger Statur.

Das Trainingsprogramm beginnt nach ein paar lockeren Aufwärmrunden mit einem sogenannten »Lauf-ABC«. Technikübungen, bei denen es zunächst darum geht, Trippelschrittchen aus den Fußgelenken heraus zu machen, später im Laufschritt die Oberschenkel anzuheben, dann mit den Unterschenkeln »anzufersen«.

Ich hoffe bald inständig, dass hier niemand vorbeikommt, der mich aus anderen Zusammenhängen kennt, denn das Bild, das man als Läufer bei diesen Etüden abgibt, scheint mir nicht eben vorteilhaft zu sein. So ein Gehopse führen doch sonst nur Menschen auf, die gerade unter Hochdruck nach den sanitären Einrichtungen suchen.

Anschließend gibt Johann das eigentliche Laufprogramm bekannt: Es gilt, viermal 800 Meter auf der Tartanbahn zu absolvieren. Das klingt nach einer machbaren Aufgabe. Allerdings ist von einem »Wettkampftempo« die Rede, und da wird mir schon ein bisschen mulmig. Was genau bedeutet das?

»Nicht so schnell, dass ihr hinten wegplatzt«, versucht Johann die Ansage zu präzisieren. Was mich nicht wirklich beruhigt, denn wenn es einer solchen Ermahnung bedarf, dann scheint es sich bei diesem »Wegplatzen« um eine reale Gefahr und Möglichkeit zu handeln. Ich möchte aber weder ein wegplatzender Breitensportler sein noch mich vor, neben oder hinter einem solchen befinden.

Auf Kommando rennen alle los, und ich begreife schnell, dass dieses »Wettkampftempo« in jedem Fall ein höheres Tempo ist als das, was ich von meinen Runden im Park gewöhnt bin. Für Johann ist die Geschwindigkeit aber gar nicht das Entscheidende. Er hat an der Längsseite der Bahn Position bezogen und achtet vor allem auf die Lauftechnik seiner Schützlinge. Als ich an ihm vorbeikomme, brüllt er mir zu: »Mach dich groß!« Eine Aufforderung, die mich völlig unvorbereitet trifft, mich zunächst sehr erschreckt, dann aber regelrecht elektrisiert. Denn das ist es doch, worum es mir im Innersten geht – zu wahrer Größe wachsen! Nur allzu gerne will ich das, stehe dann aber auch gleich vor der Frage: Wenn ich gerade damit beschäftigt bin, im Schweinsgalopp eine Tartanbahn entlangzuhecheln, und dabei zumindest noch einigermaßen Anschluss an den Rest des Läuferpulks zu halten versuche, was bei jedem Schritt ein kleines bisschen schwerer, verzweifelter und aussichtsloser wird – wie zum Teufel soll ich mich bei alldem auch noch *groß machen?*

Trotzdem gebe ich mein Bestes. Gebe mir alle Mühe, den Rücken zu strecken, mit der Brust voranzulaufen, den Kopf oben zu halten. Irgendwie so, denke ich, wie es meine Oma früher immer gesagt hat: »Halt dich gerade!« – hätte ich mal rechtzeitig auf sie gehört, dann müsste ich mich jetzt nicht so quälen.

Und nichts wünsche ich mir mehr, als dass ich für meine Bemühungen jetzt ein dickes Lob vom Übungsleiter bekomme. Schließlich laufe ich unter Mobilisierung all meiner Kräfte so aufgerichtet, wie es noch nie in meinem Leben der Fall war.

»Johann«, rufe ich, der Schnappatmung nahe, »wie sieht das aus?«

»Hm, schon besser.« Euphorie klingt anders.

Aber ich habe zu erkennen gegeben, dass ich ein lernbegieriger Schüler bin; bereit und willig, jede erdenkliche Instruktion anzunehmen, wenn sie mich nur dem Ziel der athletischen Vervollkommnung näher bringt. Und von solchen Instruktionen hat Johann dann auch eine ganze Menge für mich auf Lager: »Bring das Becken nach vorne! Halt die Beine gerade! Lass die Schultern locker!« Und was dergleichen guter Ratschläge mehr sind. Ein gutes halbes Dutzend Anweisungen, die sich zum Teil auch noch zu widersprechen scheinen. Ich muss sagen: Vier mal achthundert Meter (plus zweihundert Meter »Trabpause«) können verdammt lang sein. Und am Ende des Trainings weiß ich nicht, ob es das eigentliche Laufen war, das mehr Kraft gekostet hat, oder der verzweifelte Versuch, meinen Körper dabei in die geforderte Haltung zu bringen.

Aber offenbar habe ich gerade einen Mann getroffen, der mich weiterbringen kann. Einer, der die Fehler sieht. Der weiß, wie man ihnen begegnet, und der das auch tut. Mehr davon! Gleich am nächsten Tag melde ich mich bei Johann mit der Frage, ob ich bei ihm auch eine persönliche Trainingseinheit buchen kann. Ja, kann ich.

Zu dieser Lehrstunde verabreden wir uns ein paar Tage später auf einem leeren Parkplatz. Eine eher triste Kulisse, aber irgendwo weit im Hintergrund ist das Rheinenergiestadion zu sehen, was Wunsch und Wirklichkeit auf sinnfällige Weise verbindet. Johann filmt mich zunächst beim Laufen mit seiner Smartphone-Kamera. Wie ich laufe, denke ich, könnte er sich auch einfach so angucken. Aber das Filmen gibt ihm natürlich die Möglichkeit, einzelne Phasen der Laufbewegung (den »Laufzyklus«, wie ich bei dieser Gelegenheit lerne) anschließend im Detail ansehen – und mir erläutern – zu können, wobei ich in den Filmaufnahmen außer einem Typen, der halt läuft, nichts Erhellendes erkennen kann.

Johann dagegen sieht eine Fülle von Besonderheiten, und allesamt scheinen sie nicht zu meinem Vorteil zu sein.

»O-Beine, Senk-, Spreiz-, Knickfüße. Da kann man natürlich nichts machen.«

Das klingt alles andere als ermutigend.

»Außerdem fehlt dir die Körperspannung. Siehst du hier? Du knickst in der Hüfte ein.«

Und er kommt dann zu dem vernichtenden Resümee: »Im Grunde sitzt du.«

Da bin ich erst mal baff. Wenn ich – woran ich im tiefsten Innern immer geglaubt habe – doch eigentlich ein Athlet bin, dann offenbar einer, der zurzeit noch im Körper eines Frührentners gefangen ist. Aber das lässt sich hoffentlich ändern. Ich werde gewiss nicht darauf warten, dass »Sitzen« olympische Disziplin wird. Nein, jetzt und hier beginne ich damit, an meinem Laufstil zu arbeiten.

Zum Glück kennt Johann eine ganze Reihe von Kniffen, Tipps und Tricks, mit denen man selbst einem spätberufenen Renn-Eleven wie mir auf die Sprünge helfen kann: »Stell dich mal auf die Zehenspitzen und strecke beide Arme senkrecht nach oben.«

Ich tue, was mir gesagt wird.

»Spürst du, dass dabei auch deine seitliche Rumpfmuskulatur angespannt ist?«

»Oh ja, das spüre ich.« (Obwohl ich, ehrlich gesagt, sehr überrascht bin, dass ich da überhaupt Muskeln habe.)

»Super! Jetzt musst du diese Spannung einfach auch beim Laufen beibehalten.«

Natürlich ist das erst einmal alles andere als einfach, aber ich kämpfe – auch als es darum geht, Johanns weitere Anweisungen umzusetzen: »Jetzt bring den Körper beim Laufen in eine leichte Vorlage! Genau! Setz die Füße nicht vor, sondern unter dem Rumpf auf! Versuch, das Auftreffen der Füße auf dem Boden zu antizipieren und mit den Beinen abzufedern!«

Es sieht immer so locker, easy und unangestrengt aus, wenn ein Usain Bolt sich auf den Weg zum nächsten Weltrekord macht – tatsächlich ist es härteste Arbeit. Ich muss mich höllisch konzentrieren, um all die neu entdeckten Fasern meines

Körpers bei der Stange zu halten und einen Rückfall in den Sitzsack-Modus zu verhindern. Auch will ich mir genau einprägen, wie sich diese Läuferhaltung anfühlt, denn schließlich soll meine nächste Performance im Park ebenfalls höchsten Ansprüchen genügen. Brigitte wird Augen machen!

Ähnlich, wie es bei den Lauf-ABC-Übungen war, fühlt sich auch das Anspannen der Rumpfmuskeln erst einmal so an, als müsste ich mal dringend wohin. Nach und nach aber entsteht ein anderes Bild. Eines, das mir deutlich besser gefällt: dass nämlich mein nunmehr gestreckter und gespannter Körper eine Stahlfeder ist. Dynamisch, elastisch, flexibel. Und meine Schritte sind eigentlich Sprünge, mehr noch: kleine Explosionen, die mich die Laufstrecke entlangfliegen lassen. Und anscheinend mache ich die entscheidenden Dinge auch richtig, denn schließlich ruft Johann – und diesmal klingt er dabei richtig begeistert: »Ja! Das ist Laufen!«

Nie hätte ich geglaubt, dass eine derart banale Feststellung bei mir Glücksgefühle auslösen könnte. Ich bin aber ehrlich genug, um Johann gegenüber festzustellen: »Das ist total anstrengend.«

»Tja, mein Freund«, meint er darauf nur, »das liegt daran, dass du zu wenig Power hast. Aber du hast ein ziemlich gutes Körpergefühl. Du kannst Instruktionen umsetzen. Das ist eigentlich das Entscheidende. Der Rest ist Training, Training, Training. Da bist du bei uns im Verein ja genau richtig.«

Ich bin froh, stolz, glücklich, ja, ich sage es rundheraus: im Grunde zu Tränen gerührt darüber, dass ich hier nicht als bemitleidenswerter Couch-Potato angesprochen werde, sondern als künftiger Sportler, Athlet, Marathon-Finisher.

Da ist es nur naheliegend, bei Johann auch weitere persönliche Trainingseinheiten zu buchen. Was die kosten? Wer wird denn so kleingeistige Fragen stellen. Es gibt Dinge, die so elementar sind, dass Geld dabei keine Rolle spielen darf. Und es mag vielleicht ein bisschen bescheuert klingen, aber ich stehe dazu: Mögen andere Männer meines Alters ihre Energien darauf verwenden, Weltreisen zu unternehmen, ihre erste Million zu machen oder Präsident der Vereinigten Staaten von Amerika zu werden; ich habe Wichtigeres zu tun: Ich lerne jetzt erst mal laufen.

Das Fitness-Armband. Big Brother am Handgelenk

Wenn Marianne mich in den letzten Jahren beim Herannahen meines Geburtstags oder des Weihnachtsfestes gefragt hat, was ich mir denn als Geschenk wünsche, war meine Antwort immer: »Ach, Schatz, ich habe doch schon alles.« Davon kann heute keine Rede mehr sein. Mittlerweile führe ich nämlich eine täglich länger werdende Liste von Dingen, die ich für mein neues Leben brauche, die ich nach und nach anschaffen oder mir eben schenken lassen muss, und ganz oben auf dieser Liste steht der Activity-Tracker, vulgo: das Fitness-Armband.

Wozu so ein Ding gut ist? Nun, mittels eingebauter Sensoren erkennt es an meinen Armbewegungen, ob ich aktiv bin oder schlapp in der Ecke hänge. Es zählt die Schritte, die ich im Laufe eines Tages zurücklege. Es misst sogar meinen Puls – vorausgesetzt, ich habe mir auch den dazugehörigen Brustgurt gekauft.

Die so ermittelten Werte kann ich über eine Internetplattform sammeln und auswerten. Wenn ich will, kann ich meine Leistungen dort auch mit denen anderer Fitnessjünger vergleichen, ja, ich kann sogar in einen virtuellen Wettkampf mit ihnen eintreten. Super!

Sollte das Armband bemerken, dass ich über einen längeren Zeitraum untätig bin, dann fordert es mich per Vibrationsalarm dazu auf, endlich wieder in die Puschen zu kommen.

Leute, die es etwas härter brauchen, legen sich ein Band zu, bei dem man den »Sadomaso-Modus« aktivieren kann. Wer faulenzt, wird dann mit schmerzhaften Stromschlägen von der Couch hochgejagt.

Und das Beste: Das Armband erkennt, ob sein Träger nachts tief und fest oder nur unruhig schläft, und gibt ihm darüber eine Rückmeldung. Nach Jahrzehnten der Ungewissheit kann ich mir endlich einmal Klarheit darüber verschaffen, ob ich nachts gut geschlafen habe.

Den Einwand, ein solches High-Tech-Instrument sei etwas für Profis, Freizeit-Dauerläufer sollten sich die Investition sparen und ihre Trainingseinheiten stattdessen auf irgendeinen Fresszettel notieren oder in ein fleckiges Schulheft eintragen, lasse ich nicht gelten. Denn erstens wäre das überhaupt nicht sexy, und zweitens geht diese archaische Form des Protokolls mit einer höchst potenten Fehlerquelle einher – dem Menschen. Gerade wenn es sich bei diesem um ein männliches Exemplar im mittleren Lebensalter handelt, neigt er nämlich dazu, »eine Stunde knallhartes Tempotraining« auch dann aufzuschreiben, wenn er in Wahrheit nur zwanzig Minuten unterwegs war, um im nahe gelegenen Kiosk zwei Flaschen Weizenbier und eine Tüte Chips einzukaufen (den Plausch mit der Verkäuferin selbstverständlich miteingerechnet). Nein, Freunde, in diese Falle des Selbstbetrugs und der Selbstzufriedenheit werdet ihr mich nicht tappen sehen!

Das Joch der digitalen Technik, unter das ich mich da begeben will, zeichnet sich gerade dadurch aus, dass es unbestechlich ist. Es ist deswegen genau das richtige Instrument – ach, was sage ich? –, genau die richtige Waffe, um den inneren Schweinhund zu besiegen, es ist vielleicht sogar der ultimative Schweinehund-Killer.

Auf Mariannes Frage nach meinem Geschenkewunsch kann es deswegen nur eine Antwort geben: Zum Geburtstag will ich so ein Fitness-Armband haben. Allerdings sollte sie da nicht am falschen Ende sparen, sondern mir bitte auch gleich ein vernünftiges Modell besorgen. Es gibt nämlich Geräte, die sämtliche Bewegungen ihres Trägers sehr großzügig interpretieren. Ich kenne jemanden, der ist schon zum Abschluss eines Halbmarathons beglückwünscht worden, nachdem er sich die Zähne geputzt hat. Die besagten Geräte kommen aus dem Ein-Euro-Shop, sind in Wahrheit aber nicht halb so viel wert. Wer so etwas gekauft haben sollte, kann es getrost den Kindern zum Spielen überlassen oder schmeißt es am besten gleich in die gelbe Tonne.

Ich sammle also Informationen über die besten Produkte, die der Markt derzeit zu bieten hat, und stelle nach und nach ein Kompendium zusammen, das ich mit »Einführung in Parameter der Leistungsdiagnostik und Grundlagen der biomechanischen Sensorik« überschreibe. Das Ganze hat am Ende schon das Volumen eines universitären Proseminar-Readers, in dem ich Marianne (in auch für Laien verständlichen Worten) vermittle, worauf sie gefälligst zu achten hat, wenn sie mir eine Freude machen will.

Dass sie dabei von Mal zu Mal genervter guckt, blende ich ganz bewusst aus. Hauptsache, sie hat am Ende kapiert, worum es geht.

Mein Plan scheint aufzugehen. Der Tag X rückt näher. Marianne sendet eine Reihe nonverbaler Signale aus, mit denen sie mir zeigt, dass sie mein Traumgerät bestellt hat. Und ich muss sagen: Seit Kindertagen habe ich einem Geburtstag nicht mehr mit so viel Vorfreude entgegengefiebert. Als es endlich so weit ist, stehe ich lange vor allen anderen auf, bin bereits geputzt und gestriegelt, als Frau und Kinder schlaftrunken an den Frühstückstisch wanken, sorge dafür, dass »Happy Birthday« in doppeltem Tempo gesungen wird, und reiße Marianne schließlich das Geschenk aus der Hand. Und? Ist es das von Presse und

Fitness-Szene gefeierte Topmodell? Ja. Voller Stolz hebe ich das Paket ans Licht.

Ich kann jeden verstehen, der diesen Moment nicht nur mit heiligem Schauer genießt, sondern ihn auch filmisch dokumentiert und als »Unpacking-Video« ins Netz stellt. Meine Söhne haben da weit weniger Verständnis. Sie schauen sich an. Felix zeigt einen Vogel. Jonas nickt.

Mir ist das völlig wurscht, spüre ich doch, dass ich schon beim feierlichen Anlegen des Armbands zu einem anderen Menschen werde. Zu einem, der beständig von dem Gedanken angetrieben ist: »Herrgott, was kann ich bloß tun? Wohin kann ich jetzt gerade gehen oder laufen, steigen oder springen?« Die Frage nach dem Wozu stellt sich dabei gar nicht erst, denn Inhalt, Ziel und Sinn jedweder Aktivität sind immer gleich: Schritte sammeln! Punkte! Gute Werte! Irgendeine bekloppte Challenge erfüllen: »In sieben Wochen zum Schrittmillionär«.

Ich finde es grandios, denn ich weiß genau: Allen, die sich nur einmal im Jahr – vornehmlich kurz vor Silvester – die bange Frage stellen, ob sie denn »genug für die Fitness tun«, bin ich damit um Lichtjahre voraus. Weil ich mir doch jetzt täglich, stündlich, ja, in jedem Augenblick knallhartes Feedback geben und mir zeigen lasse, wo ich stehe: ob ich auf bestem Wege bin, ein smarter Supermann zu werden, oder eben doch zu denen gehöre, die auf ewig in der Hölle der Mittelmäßigkeit schmoren.

An diesem Tag gehe ich gleich dreimal vor die Tür und laufe zwei Runden um den Block. Nachdem ich es geschafft habe, Armband und Computer miteinander zu verbinden, schaue ich nun Abend für Abend nach, wie meine Leistung einzuschätzen ist. Allerdings hat sich die Kreativabteilung des Herstellers eine Bildsprache ausgedacht, die ich so nicht erwartet hätte: Für eine gute Performance gibt's einen grünen Smiley, war ich eher mittelprächtig unterwegs, ein gelbes Schmollmundgesicht, und habe ich den Tag auf der Couch verbracht, dann prangt da ein rotes Teufelchen, das gar böse dreinblickt; eine Symbolsprache also, die geeignet ist, einen Menschen im tiefsten Wesenskern aufzurütteln – vorausgesetzt, er ist vier Jahre alt und seit drei Tagen der Neue im Kindergarten. Die Schlafqualität dagegen wird mit den Schulnoten eins bis sechs bewertet. Egal, flechte ich mir den Lorbeerkranz am Ende eben selber.

Das eigentliche Problem liegt woanders. Ich rechne nämlich fest damit, dass der Auswertungsbildschirm mir den Aufmarsch einer geschlossenen Phalanx grüner Smileys zeigen wird, aber selten im Leben bin ich herber enttäuscht worden. Am Ende der ersten Woche kann ich mich gerade mal über einen einzigen Smiley freuen. Zu diesem gesellen sich jede Menge gelber Schmollmünder, und – das bleibt jetzt aber bitte unter uns! – es sind sogar zwei rote Teufelchen dabei. Da kann doch was nicht stimmen. Aber was? Armband kaputt? Betriebssystem veraltet? Russische Viren auf dem Computer?

Verzweifelt blättere ich im Handbuch meines Fitness-Trackers und komme nach einer Weile zu der Erkenntnis, dass es meinem Armband einfach nicht ausreicht, wenn ich ein paar Laufeinheiten absolviere. Es geht ihm vielmehr um mein gesamtes Bewegungsprofil, um meine »24/7-Bilanz«. Und die ähnelt offenbar der eines Hängebauchschweins im Wachkoma. Der simple Grund ist, dass ich im Alltag der Arbeit wegen viel zu oft sitze; sei es am Schreibtisch, im Auto oder im Zug. Was soll ich denn machen? Ein Zehntausend-Meter-Lauf liegt für mich jetzt zwar durchaus im Rahmen des Möglichen, aber, sorry – jeden Tag kriege ich den eben auch nicht hin.

Dann fällt mir auch noch ein Artikel in die Hand, dem ich entnehme, dass die Gesundheitsrisiken, die ein Tagesablauf mit sich bringt, während dessen man überwiegend sitzt, sich auch durch drei oder vier Trainingseinheiten in der Woche nicht wirklich wettmachen lassen. Auf der sicheren Seite ist nur derjenige, der ein durchgehend hohes Aktivitätsniveau hat. Da bin ich wirklich beunruhigt und kriege für meine Schlafqualität in der folgenden Nacht eine glatte Sechs. Kein Wunder, ich habe bis zum Morgengrauen von roten Teufelchen geträumt.

Es ist dies der Punkt, an dem ich mich frage, wie es eigentlich die anderen machen. Ich kann meine Leistungen mit denen einer »Community« von Armbandträgern vergleichen. Auf der Internetplattform sehe ich, dass es in meiner unmittelbaren Umgebung sogar eine ganze Reihe verschiedener Zusammenschlüsse gibt. Okay, ich möchte mich eher nicht mit den »Windecker Wildschweinen« oder einer gewissen »Speckweg-Gruppe« messen und sehe mich auch nicht als die Zukunftshoffnung der »Odenthaler Olympioniken«. Dagegen scheint mir eine nicht weiter spezifizierte Gruppe in meinem Stadtteil fürs Erste genau der richtige Bezugsrahmen zu sein. Dieser Gruppe kann ich auch einfach beitreten, muss dazu nur ein Profil anlegen und meine Aktivitäten im Netz öffentlich machen.

Klar halte ich da kurz inne und überlege: Was geschieht eigentlich mit meinen Daten? In der Stadtteilgruppe werde ich mich wie die meisten anderen natürlich nicht mit meinem Klarnamen, sondern unter einem Nick anmelden. Ich habe aber das Gefühl, dass mir, kaum sind meine Bewegungsprotokolle öffentlich gemacht, völlig andere Werbeanzeigen auf den Computer gespielt werden. Aber warum bitte glauben die Werber, dass ich mich für Stützstrümpfe, Bandagen und Medikamente gegen Osteoporose interessieren könnte?

Ich bin drauf und dran, mich wieder abzumelden, da entdecke ich unter den Mitgliedern der Stadtteilgruppe jemanden, von dem ich denke: Hey, der kommt mir doch bekannt vor.

Sein überaus origineller Nickname lautet Roadrunner, und sein Profilbild ist so angeschnitten, dass seine Augen nicht zu sehen sind; am unverwechselbaren Siegergrinsen ist er für mich aber trotzdem sofort zu identifizieren: Holger. Wo er in der Rangliste steht? Weit oben natürlich, auf Position zwei. Neben der Gesamtbilanz – in der Holger für mich uneinholbar weit vorne liegt, weil er offenbar schon über einem Jahr dabei ist – gibt es aber auch eine Tabelle der aktuellen Wochenperformance. Und genau da sehe ich meine Chance. In einem solch überschaubaren Zeitraum, das nehme ich mir fest vor, werde ich Holger schlagen und – quasi als Nebenwirkung – meine durch Bewegungsmangel bedingten Gesundheitsrisiken ausknipsen.

Zunächst vervollständige ich mein Profil. Genau wie Holger will auch ich mein Inkognito wahren. Vorerst zumindest. Mein Kampfname: »Silberpfeil«. Mein Profilbild: zeigt ein nach vorn gerecktes Kinn. Der Glaubenssatz, unter dem ich antrete: »Schmerz ist Schwäche, die den Körper verlässt.«

Schon jetzt stelle ich mir vor, dass der Tag kommen wird, an dem ich die Maske fallen lasse und Holger zeige, wer ihn da auf die Plätze verwiesen hat. Hach, wird er Augen machen!

Ich lasse also ab sofort keine Treppenstufe mehr aus. Selbst wenn ein siebtes Stockwerk erreicht werden muss, lautet mein Motto: »Lifte sind für Luschen!« Fahre ich mit der Straßenbahn, dann steige ich nicht eine, sondern zwei Stationen vor dem Ziel aus und lege den Rest des Weges zu Fuß zurück.

Nie hätte ich gedacht, dass ein virtueller Wettstreit so spannend sein kann. Am Ende des ersten Tages finde ich mich im vorderen Drittel der Wochentabelle. Am zweiten Tag stehe ich an der Spitze. Am dritten Tag jedoch ist Roadrunner Holger wieder an mir vorbeigezogen. Offenbar hat er erkannt, dass er es bei Silberpfeil mit einem Herausforderer zu tun hat, der es ernst meint. Und offenbar will er seinen Rang mit Zähnen und

Klauen verteidigen. Egal, was ich mache. Es dauert nicht lange, und er liegt wieder vor mir.

Dass ich in meinen Tagesergebnissen längst eine blitzsaubere Serie grüner Smileys hinlege, wird Sie nicht überraschen – mich aber interessiert es gar nicht mehr.

Ich gehe noch einen Schritt, nein, ich gehe noch viele Schritte weiter. Die Anregung, Fitness in den Alltag zu integrieren, nehme ich wörtlich. Ich bringe meine Söhne jetzt wieder zur Schule. Jeden Morgen, höchstpersönlich und im Laufschritt, wie sich selbstredend versteht. (Und ich habe insgeheim beschlossen, das auch am Sonntag zu tun. Einfach, um im Rhythmus zu bleiben.)

Wann immer Marianne oder einer der Jungs zu Hause beim Essen nach einem Glas, einer Scheibe Brot oder einem fehlenden Besteck verlangt, bin ich derjenige, der aufspringt, um das Gewünschte herbeizuschaffen.

Noch nie hat meine Familie mich derart beflissen und zuvorkommend erlebt. (Unter uns: Ich decke den Tisch mit Absicht nur unvollständig, damit ich möglichst oft Anlass habe, wieder aufzustehen. Und was ich auch nicht verschweigen will: Dass ich irgendwann anfange, während der Mahlzeit Runden um den Esszimmertisch zu drehen, kommt bei Marianne nicht so gut an.)

Dann stehe ich Samstagvormittag beim Bäcker in der Schlange und kriege zufällig mit, dass Holgers Frau auch da ist und beim Plausch mit einer Bekannten sagt: »Der Holger liegt schon die ganze Woche mit einer Grippe im Bett.«

Ich bin wie vom Donner gerührt. Das – gibt – es – doch – nicht! Wie kann er auf eine rekordverdächtige Wochenbilanz kommen, wenn er krank im Bett liegt? Dass ich mich geirrt und es bei Roadrunner in Wahrheit mit einer anderen Person zu tun haben könnte, erscheint mir ausgeschlossen. Es gibt nur eine Erklärung: Er trickst, manipuliert, betrügt. Auf welche Weise auch immer: Vielleicht lässt er seine Frau mit dem Band rumlaufen, hängt es dem Nachbarshund beim Gassigehen um den Hals, was weiß ich. Weil er so eitel ist, dass er auch dann an erster Stelle stehen muss, wenn er in Wahrheit das Bett hütet. Da fasse ich den Entschluss: Okay, Bürschchen, du spielst mit gezinkten Karten? Dann wirst du jetzt auch in dieser Disziplin deinen Meister finden. Felix hat doch gleich ein Fußballspiel. Heute wird er dabei erstmals mit einem Armband auflaufen. Dann absolviere ich damit die zehn Kilometer, die heute im Trainingsplan stehen. Während ich dusche und etwas esse, hängt das Band an der Schaukel auf dem Kinderspielplatz. Marianne fährt später mit dem Fahrrad zum Einkaufen. Was sie dabei um ihr Fußgelenk geschlungen hat? Dreimal dürfen Sie raten.

Am Ende hätten im Kampf gegen Holger alle diese Tricks auch nicht gereicht, wenn ich nicht noch eine ultimative List ersonnen hätte, für die man mir wohl, käme sie je ans Licht, mindestens zweihundert rote Strafteufelchen aufs Konto buchen würde. Sie hat mit sportlichem Fairplay in etwa so viel zu tun wie eheliche Treue mit einem Puffbesuch, aber sie führt zum gewünschten Erfolg: Am finalen Zeitpunkt der Abrechnung, Sonntagnacht, 23 Uhr 59, liege ich in der Wochenrangliste auf Platz eins und habe gegenüber Roadrunner einen Vorsprung von sagenhaften und uneinholbaren 5634 Schritten.

Ich mache ein Flasche Sekt auf und genieße meinen Triumph, der – das ist mir wohl bewusst – nicht von ewiger Dauer seien wird. Denn ich bin ziemlich sicher, dass ein findiger Typ wie Holger irgendwann auch darauf kommt, dass der Fitness-Tracker innerhalb einer knappen Stunde glatte 10 000 Schritte gutschreibt, wenn man ihn wasserdicht in eine verknotete Plastiktüte packt und dreimal im Schleuderprogramm der Waschmaschine mitlaufen lässt.

Elektrostimulation. Als Couch-Potato zum Sixpack?

Bei einem Vereinslauftraining habe ich mit der Gruppe eine Zehn-Kilometer-Runde in zügigem Tempo absolviert, bin anschließend entsprechend erschöpft und sage in Richtung eines Laufkameraden: »Na, da haben wir uns den entspannten Abend auf der Couch jetzt aber redlich verdient.«

»Nichts da«, meint der Angesprochene, »die Zeit auf der Couch muss man nutzen. Da geht das Work-out doch überhaupt erst richtig los.«

Ich ärgere mich kurz, dass ich mich mit meinem unbedarften Geplauder mal wieder als ahnungsloser Neuling zu erkennen gegeben habe, möchte aber schon wissen, mit welcher Art von Trainingsmethoden man sich zu später Stunde noch fit machen kann, und frage ihn deshalb, was für Couch-Übungen er denn da betreibt.

»EMS«, lautet die kryptische Antwort.

»Ah ja. Was heißt das gleich wieder?«

»Elektronische Muskel-Stimulation.«

Ein Begriff, der mir auch schon irgendwo begegnet ist.

»Wird das nicht in so speziellen Studios angeboten?«

»Ja, aber es gibt auch Geräte für den Hausgebrauch. Und die sind nicht mal teuer.«

Für mich klingt das nach einer Schweinehund-kompatiblen Art der Ertüchtigung. Darüber will ich mehr wissen. Wie ich dann später lese, soll diese Art der Stimulation wahre Wunder bewirken: Das Körpergewebe werde dadurch gestrafft, die Muskeln werden gestärkt, ja, sogar regelrecht »modelliert«. Das eigentliche Training – so ehrlich sind die Anbieter dann schon – könne damit zwar nicht vollständig ersetzt, wohl aber »sinnvoll ergänzt« werden. Der Witz ist: Es gibt die Geräte schon für Beträge ab 30 Euro zu kaufen. Bei einem so überschaubaren finanziellen Risiko muss ich nun wirklich nicht lange überlegen. Ich gebe eine Bestellung auf.

Das Gerät, das mir nach wenigen Tagen geliefert wird, sieht in etwa aus wie eine Fernbedienung und verfügt über Buchsen zum Anschluss zweier Kabel. Jedes Kabel hat am Ende zwei Elektroden, die mittels Klebepads am Körper angebracht werden. In der Gebrauchsanweisung finden sich Abbildungen, die zeigen, wo genau die Pads zu platzieren sind, je nachdem, welchem Zweck die Anwendung dienen soll. Und der Strom, der nun meinen Körper straffen wird? Der kommt nicht etwa aus der Steckdose, sondern aus zwei schmalen Batterien, die nicht so aussehen, als könnte eine lebensbedrohende Wirkung von ihnen ausgehen – was mich beruhigt. Dass sie allerdings die Quelle der Kraft sind, die mich zum nächsten Mister Universum formt, kann ich mir genauso wenig vorstellen.

Wenn ich nun also zum Tagesausklang mit der Frau meiner Träume auf dem Sofa sitze, sind wir nicht mehr nur zu zweit; nein, ein kleiner Muskelstraffer hat sich zu uns gesellt, der von Marianne nicht ohne Belustigung beäugt wird. Aber so spöttisch sie auch guckt, ich bin sicher, sie überlegt insgeheim, ob das nicht auch etwas für sie wäre.

Die Bedienung des Geräts erweist sich als denkbar einfach. Die Pads sind schnell angebracht, das Bedienungsmenü ist unkompliziert. Für den ersten Testlauf habe ich die Muskelstimulation der Oberschenkel ausgewählt – zu irgendwelchen Problemzonen kann ich dann später kommen.

Meine sehr ungefähre Vorstellung von der Wirkungsweise des Geräts ist, dass sich die Muskeln durch die Elektrostimulation zusammenziehen und entspannen wie bei einem Training. Was ich dann tatsächlich spüre, ist nicht mehr als ein Kribbeln im Bein. Die Intensität des Kribbelns kann ich per Tastendruck in kleinen Schritten steigern oder zurücknehmen, wobei das Gerät jedes Mal einen kurzen Piepton abgibt.

Irgendwann lehne ich mich bequem auf dem Sofa zurück, male mir den Look meiner bald schon gestählten Oberschenkelmuskulatur aus und verfolge ansonsten die aktuellen Katastrophenmeldungen in den Nachrichten.

Da aber wird mein Bein von einem gänzlich unerwarteten Reiz durchzuckt, und zwar so plötzlich, dass mich der Schreck und der mit dem Reiz verbundene Schmerz regelrecht aufschreien lassen. Marianne fährt ebenfalls zusammen. »Was ist?«, ruft sie entgeistert und schaut mich schreckensstarr an.

»Weiß auch nicht!«, gebe ich zurück. Es ist eine der beiden Elektroden, von denen der unangenehme Reiz ausgeht. Die andere Elektrode hat sich aus irgendeinem Grund vom Bein gelöst. Aus dem schlichten Grund, dass es das Simpelste ist, was ich gerade tun kann, klebe ich die Elektrode wieder an, und siehe da: Schon ist alles wie zuvor. Aber was ist passiert? Ich reime mir das so zusammen: Der Strom, der zunächst in zwei Kanälen floss, hat sich auf einen Kanal konzentriert, nachdem der andere unterbrochen wurde. Dadurch hat sich die Intensität des Reizes im zweiten Kanal verdoppelt – zumindest in meiner Wahrnehmung. Und wer würde da nicht aufschreien? Nunmehr achte ich penibel darauf, dass die Klebepads fest sitzen, und bleibe zum Glück von weiteren Schrecknissen verschont.

Um die Geheimnisse der Technologie zu ergründen, experimentiere ich jetzt ein wenig mit der Stärke der Stimulation. »Hey«, sage ich dann zu Marianne. »Stell dir vor: Es gibt total interessante Wechselwirkungen, je nachdem, ob man dem ersten oder dem zweiten Kanal mehr Power gibt. Ist das nicht irre?«

»Ich werde gleich irre«, antwortet sie darauf. »Ich versuche hier seit einer Viertelstunde, ein Gespräch mit dir zu führen, und du fummelst ständig an diesem Ding rum. Kann man das Gepiepse nicht abstellen?«

Das kann man leider nicht. Ich gebe mir alle Mühe, dass es möglichst wenig piept, aber was soll ich machen? Der Körper gewöhnt sich an den einmal eingestellten Reiz nach einer kurzen Weile, und bald ist es ein ganz natürliches Bedürfnis, den Reiz ein Stück weit verstärken zu wollen. Und dann piept's eben.

Als das Programm nach einer halben Stunde schließlich endet, will ich mich Marianne wieder zuwenden, rufe dafür mein allercharmantestes Lächeln auf, muss aber feststellen: Sie ist gar nicht mehr da, wohl schon ins Bett gegangen, ohne dass ich es bemerkt habe.

Ich erkenne: Wenn ich unseren ehelichen Frieden nicht gefährden will, sollte ich das Stimulationsgerät so einsetzen, dass ich ihr damit nicht auf die Nerven falle. Und natürlich kann ich mir die Elektroden auch ankleben, wenn ich am Schreibtisch sitze.

Hier überrascht mich Marianne ein paar Tage später mit der Ankündigung, sie wolle mir mal etwas zeigen, was sie im Netz gefunden habe. Mit glucksendem Lachen ruft sie die Seite eines Versandhändlers mit dem vielsagenden Namen Gipfelstürmer auf.

Es dauert einen Moment, bis ich begreife. Sie hat sich offenbar über Anwendungsmöglichkeiten der Elektrostimulation informieren wollen (Hab ich's mir doch gedacht! Insgeheim findet sie das auch interessant!) und ist dabei auf Zusatzausstattungen für das Gerät gestoßen. Hier insbesondere auf Elektroden, die man als Manschette über das männliche Zentralorgan streifen kann. So wird den bedauernswerten Geschlechtsgenossen aus der Patsche geholfen, die an dieser Stelle einer Aufstehhilfe bedürfen. Ich bin verunsichert. Will meine Frau mich veräppeln? Oder gibt es etwas, worüber wir reden müssen?

»Siehst du bei mir irgendeinen Mangel, der therapeutischer Abhilfe bedarf?«

»Mangel? Nicht doch! Ich dachte nur, dass so eine Stimulation vielleicht ganz reizvoll sein könnte.«

»So, so.«

Ich bin äußerst skeptisch. Vor allem kommt mir sofort in den Sinn, dass wieder einer der zwei Stimulationskreisläufe ausfallen könnte. Dass dann der Strom des zweiten Kreislaufs das in Rede stehende Organ mit gefühlt doppelter Ampere-Stärke durchfließt. Dass ich dann womöglich nicht so glimpflich davonkäme wie bei dem Schreckenserlebnis, bei dem es nur um meinen Oberschenkel ging, sondern vielleicht sogar bleibende Schäden zu fürchten hätte. Schäden, die bis hin zu einem Totalverlust reichen könnten. Was für eine entsetzliche Vorstellung! Bilder eines verkochten, verkohlten und verschmurgelten Dingsda verfolgen mich in der darauffolgenden Nacht bis in den Schlaf, mehrmals schrecke ich schweißgebadet hoch.

Nein! Zu keiner Sekunde ziehe ich die Anschaffung solcher Manschetten in Betracht. Daneben lassen die mehr als unklaren Erfolgsaussichten meine Begeisterung für die elektrische Stimulation schon ziemlich bald abflachen. Das Gerät liegt immer öfter irgendwo in der Ecke. Schließlich verschwindet es ganz aus meinem Blickfeld. Ich vermisse es nicht und hätte wohl auch nie wieder daran gedacht. Aber es taucht wieder auf, und zwar in einer komplett unerwarteten Weise.

Eines Tages nämlich klingelt jemand Sturm an unserer Haustür. Ich öffne und stehe unserer Nachbarin Frau Malisch gegenüber, die einen verzweifelten Eindruck macht. Was offenbar damit zusammenhängt, dass sie ihren heiß geliebten Balduin von der Sturmhöhe in den Armen trägt, und dem scheint es gar nicht gut zu gehen. Der Rasseterrier Balduin ist der letzte, deutlich übergewichtige Vertreter einer komplett degenerierten Hundedynastie, deren Stammbaum angeblich bis ins 18. Jahrhundert zurückverfolgt werden kann.

Ich will schon fragen, was los sei und vor allem, was ich damit zu tun habe, als unser neunjähriger Sohn Jonas auftaucht.

Er versucht hinter seinem Rücken einen Gegenstand zu verbergen. Ein Gegenstand, von dem zwei Kabel herabbaumeln.

Was geschehen ist? Jonas und zweien seiner Kumpane war das Elektrostimulationsgerät in die Hände gefallen, sie hatten darin zielsicher ein medizintechnisches Produkt erkannt und es zum Mittelpunkt eines Zeitvertreibs gemacht, den man als »Doktorspiele« zu bezeichnen pflegt. Da sie (zum Glück!) keines Menschen habhaft werden konnten, der bereit gewesen wäre, sich ihnen als Proband zur Verfügung zu stellen, haben sie kurzerhand auf Tiermedizin umgesattelt und beim arglos in der Sonne dösenden Balduin das vorgenommen, was sie irgendwann in einem Film gesehen haben: eine Reanimation per »Defibrillator« – mit einem solchen hat das Elektrostimulationsgerät in der Tat eine gewisse Ähnlichkeit.

Die Auswirkungen auf das Tier müssen entsetzlich gewesen sein. Nach dem, was Frau Malisch stammelnd und schluchzend hervorbringt, ist Balduin mit einem markerschütternden Jaulen aufgesprungen und anschließend, wie von tausend Furien gehetzt, den Fußweg Richtung Kinderspielplatz entlanggerannt. Nach etwa zweihundert Metern (eine angesichts des Gesamtzustandes des Köters schon mehr als beachtliche Leistung) sei er dann allerdings zusammengebrochen und habe keinen Mucks mehr getan. Frau Malisch, vom Jaulen ihres Lieblings aufgeschreckt, sei ihm nachgerannt und habe ihn schon für tot gehalten, dann aber zu ihrer übergroßen Erleichterung gesehen, dass er noch Lebenszeichen von sich gebe. Man müsse ihn jetzt nur umgehend zum Tierarzt bringen. Unter dem Schock des Ereignisses sei sie dazu nicht in der Lage. Als der Erziehungsberechtigte eines der kindlichen Tierquäler habe nun ich die Pflicht, den Krankentransport zu übernehmen. Ihr Auto stehe zur Verfügung.

Balduin von der Sturmhöhe hat das Abenteuer nicht nur überlebt, sondern sogar in ungeahnter Weise davon profitiert.

Der Tierarzt kann ihn mit einem kreislaufstützenden Mittel wieder auf die Beine bringen und mahnt angesichts Balduins offenkundiger Verfettung dringend eine Nahrungsumstellung an, was Frau Malisch sich tatsächlich zu Herzen nimmt. Balduin erlebt dadurch eine Art zweiten Frühling, gewinnt binnen Wochen an Beweglichkeit und Lebenslust und zeigt sogar wieder Interesse an Hundedamen, was schließlich zur Folge hat, dass die Linie derer von der Sturmhöhe in Gestalt dreier entzückender Welpen eine nicht mehr für möglich gehaltene Fortsetzung findet. Wenn Sie also wissen wollen, ob die Elektrostimulation nicht auch positive Wirkungen haben kann – fragen Sie Balduin.

PS: Wir sind später sogar noch von mehreren Nachbarn bedrängt worden, mit dem Gerät auch ihr Haustier zu behandeln. Aber sorry. Gleich nachdem ich Balduin zum Tierarzt gefahren hatte, hab ich's weggeschmissen.

Im Fitnessstudio. Männer, die in Spiegel starren

Bleibt, nachdem sich der Traum vom Muskelzuwachs durch Elektrostimulation zerschlagen hat, also doch nur der Weg ins Fitnessstudio? Der Vorteil ist, dass ich dort gar nicht erst Mitglied zu werden brauche. Ich bin es nämlich längst. Seit geraumer Zeit schon gehen von meinem Konto Beiträge für eine solche Einrichtung ab, von der ich eben nur nicht mehr weiß, in welchem Stadtteil sie sich befindet. So weit liegt mein letzter Besuch dort zurück; so sehr hatte der innere Schweinehund mich all die Jahre im Griff. Das aber soll sich jetzt ändern. Und zwar dringend! Denn ich habe zwar einen trapezförmigen Oberkörper; muss es aber irgendwie hinkriegen, dass bei diesem Trapez die Schultern breit und die Hüften schmal sind – und nicht umgekehrt.

Mit dem festen Vorsatz, meine physische Rundumerneuerung weiter voranzutreiben, suche ich den von mir so lange schon mitfinanzierten Körperkult-Tempel, nachdem ich seine genaue Lage noch einmal recherchiert habe, endlich wieder auf.

Die Mitarbeiter hinterm Tresen sind Vertreter einer neuen Generation, aus der ich noch niemanden kenne und für die ich ebenfalls ein Fremder bin. Man muss mir als Erstes auch eine neue »Membercard« ausstellen, weil der Pappausweis, mit dem ich mich legitimieren will (ich hatte das recht vergilbte Exemplar nach längerem Suchen in einer der tieferen Sedimentschichten meiner Schreibtischschublade aufgestöbert), vom Studio schon vor Jahren aus dem Verkehr gezogen worden ist. Der Mitarbeiter, mit dem ich es zu tun habe, ist seinem Namensschild nach der Trainer André. Einem Hängeregister entnimmt er eine etwas brüchig wirkende Karteikarte, pustet erst mal den Staub weg, schaut bedächtig darauf und meint: »Du hast schon länger kein Trainerintervall gemacht.«

»Jaaa«, sage ich. »Das stimmt.« (Auch wenn ich nicht genau weiß, was mit dem Begriff »Trainerintervall« gemeint ist.)

»Wenig Zeit zum Trainieren?«

Ich nicke eifrig. »Das ist genau mein Problem!«

»Hm. Sagt dir der Begriff HIT etwas?«

Oh je. Was kommt jetzt? Will er mir zwecks Steigerung der Trainingsmotivation Musik vorspielen? Etwa die größten Hits von Helene Fischer?

»Äh, nöö«, antworte ich mit größtmöglicher Vorsicht.

»HIT«, sagt André, »bedeutet Hoch-Intensitäts-Training.«

»Ach, du lieber Schreck! Ist das gefährlich?«

»Du machst nur ein oder zwei Sätze mit wenigen Wiederholungen, die aber mit möglichst hohen Gewichten. Und das Ganze auch höchstens zweimal die Woche, denn nach so einem Training braucht der Körper mehrere Tage zur Regeneration.«

(Das scheint mir die gute Nachricht zu sein.)

»Aha. Und das Ergebnis?«

»Guck mich an.«

Ich gucke André an. Ausgeprägter Bizeps, breiter Brustkorb, schmale Taille.

»Ja«, sage ich. »HIT klingt definitiv interessant.«

»Okay«, meint André und schaut auf seine Uhr, »wenn du dich jetzt umziehst und aufwärmst, könnte ich dir eine Einweisung geben.«

So kann es gehen. Meine Vorstellung war eigentlich, mich bedachtsam – man soll es ja nicht übertreiben – wieder an so etwas wie ein Krafttraining heranzutasten, aber klar, mit einem künftigen Modellathleten wie mir hat das Universum natürlich ehrgeizigere Pläne.

Ich wechsele also folgsam die Klamotten, absolviere zehn Minuten auf dem Laufband und lege mein Schicksal sodann in Andrés Hand. Das erste Gerät, zu dem er mich führt, ist die Beinpresse. Das Training nach dem HIT-Prinzip funktioniert dann folgendermaßen: Ich soll das Gewicht innerhalb von vier Sekunden nach oben stemmen, zwei Sekunden in der Maximalposition halten und es dann binnen weiterer vier Sekunden wieder absenken. André hält eine Stoppuhr in der Hand, um dafür zu sorgen, dass ich diese Intervalle auch tatsächlich einhalte, und gibt mir das Kommando: »Also los!«

In Erwartung eines Monstergewichts stemme ich mich mit aller Kraft gegen die Metallplatte und stelle fest: Ich habe es gar nicht mit einem Monstergewicht, sondern mit dem Gewicht der Monstergeneralversammlung zu tun. Okay, ich kriege das Trumm langsam hochgestemmt, aber wirklich nur unter Aufbietung aller Kräfte. Nach drei Sekunden habe ich das Gefühl, dass sich meine Körpertemperatur bei rasendem Puls und hochrotem Kopf dem Siedepunkt nähert. Hilfe!

»Genau«, sagt André. »Das ist HIT-Training. Du kämpfst um dein Leben.«

Die Überraschung des Tages ist, dass ich nach drei weiteren Wiederholungen dann tatsächlich noch am Leben bin. Jedenfalls habe ich schon nach der Beinpresse das Gefühl, ich könnte eigentlich ganz gut eine heiße Dusche und einen ausgedehnten Nachmittag im Ruhebereich vertragen. Davor allerdings haben die Götter in diesem Fall noch eine Menge Schweiß gesetzt. Bei meinen früheren Trainingseinheiten hatte meine erste Amtshandlung darin bestanden, das von den Vorgängern an den Maschinen eingestellte Gewicht deutlich zu reduzieren (und zwar jedes Mal, was nicht wenig zu meiner Frustration beigetragen hatte). André hält es nun genau umgekehrt: Was immer wir vorfinden, er legt noch zwanzig oder dreißig Kilo mehr auf. Unwillkürlich schaue ich mich um, ob die anderen Anwesenden denn auch Notiz von den Rekordleistungen nehmen, die ich hier vollbringe, muss jedoch feststellen: Wenn sie es tun, dann lassen sie sich nichts davon anmerken. Dabei gibt es richtig was zu sehen.

Es spielt keine Rolle, ob gerade Beine, Arme oder Bauchmuskeln dran sind. Das Gewicht ist jedes Mal so mächtig, dass ich es nur bewegen kann, wenn praktisch jede Körperfaser an der Aktion beteiligt ist. Ich brauche für jede einzelne Ausführung äußerste Konzentration und den unbedingten Willen, es tatsächlich zu schaffen.

Es fühlt sich an, als hätte ich den Kampf gegen eine Naturgewalt aufgenommen. Sturm in Orkanstärke, Vulkanausbruch, Erdbeben. Solche Sachen. Diese Art des Trainings ist wirklich eine Übung, bei der man dem inneren Schweinehund nicht nur direkt in die blutunterlaufenen Augen blickt, sondern auch seinen heißen Atem spürt und ihm sagt: »Okay, du oder ich!«

Sollte André einmal den Eindruck haben, ich hätte noch nicht alles gegeben, lässt er mich ein Gewicht in halber Position halten, und zwar »bis zum statischen Muskelversagen«. Was das bedeutet? Arme oder Beine fangen an, erbärmlich zu zittern und zu schlackern; ich habe das Gefühl, im Inneren zu brennen. Mehrfach möchte ich vor Schmerz laut aufschreien, muss aber feststellen, dass dafür gar keine Kraft mehr da ist.

Es ist unsäglich, eine echte Zumutung, aber es ist eben auch – sorry, ich kann's nicht anders ausdrücken – geil.

Als ich den Rundkurs durch den Folterkeller schließlich überstanden habe, hänge ich am Tresen und lasse mir von André widerstandslos einen Eiweißshake einflößen. Er meint, das gehöre dazu.

Mit einem neu gewonnenen Gefühl tiefen Respekts schaue ich mir die Menschen an, die hier sonst noch trainieren. Es handelt sich eher nicht um den Personenkreis, an dem ich meine Charakterentwicklung bislang orientiert habe. Da ist insbesondere ein Typ, der meine Aufmerksamkeit auf sich zieht. Auf seinen Klamotten prangt das Label Gorilla Wear. Und so sieht er auch aus. Im Geiste taufe ich ihn auf den Namen King Kong. Jemand, von dem ich normalerweise sagen würde, ich möchte ihm nicht im Dunkeln begegnen, aber – ganz ehrlich – im Hellen eigentlich auch nicht. Ein Typ wie ein Autounfall. Schlimm, aber man muss einfach hinschauen. Und hinhören. Beim Durchführen seiner Übungen stößt er Laute aus, die mich an meinen letzten Besuch im Zoo erinnern. So klang es, als am Affenfelsen die Fütterung losging. Ich habe einmal gelesen, dass Bodybuilder Präparate einnehmen, die auch in der Schweinemast Verwendung finden. Besonderer Beliebtheit soll sich dabei der sogenannte »Ferkelstarter« erfreuen. Was für mich mit Blick auf King Kong durchaus plausibel klingt, denn seine Oberarme sehen aus, als wären es Ferkel. Sollte King Kong mal mit der Straßenbahn fahren, bin ich ziemlich sicher, dass er für diese Arme zwei zusätzliche Fahrscheine lösen muss (»ein Erwachsener, zwei Arme«).

Eine Weile schaue ich ihm bei seinen Übungen zu, als mir der Gedanke kommt: Bedeutet HIT-Training vielleicht, dass ich binnen Kurzem auch zu einem solchen Wesen mutiere? Und wenn ja: Wäre das eine Katastrophe? Oder hätte es nicht irgendwie auch seinen Reiz?

King Kong jedenfalls hat an seinem Tun augenscheinlich allergrößten Spaß. Mehr noch: Er ist eins mit sich und seinen Eisen. Egal, welche Art von Gewicht er gerade stemmt, zieht, hebt oder drückt – es kann kein Zweifel bestehen, welches für ihn das wichtigste Trainingsgerät ist: der Spiegel.

Der Blick in den Spiegel sollte vor allem dazu dienen, die korrekte Ausführung der Übung zu kontrollieren. Davon abgesehen ist es offenbar ein netter Begleiteffekt, das An- und Abschwellen der eigenen Muskelberge zu beobachten. Und so eiskrustenhart King Kong sich sonst auch gebärdet – sobald er in den Spiegel schaut, bekommen seine Züge etwas Weiches und Liebevolles. Ja, es scheint mir sogar, als ob er in Momenten, in denen er sich unbeobachtet fühlt, seinem eigenen Spiegelbild zuzwinkert, es anlächelt (ihm vielleicht sogar unmoralische Angebote macht, aber so genau kann ich das jetzt auch nicht erkennen).

André reißt mich aus meinen Betrachtungen mit der Frage: »Na, wie gefällt dir das HIT-Training?«

»Es ist … ein Erlebnis.«

»Absolut. Für die meisten ist das Problem, den Willen aufzubringen, jedes Mal auch wirklich bis an die Grenze zu gehen. Du musst dafür nicht nur körperlich, sondern auch psychisch ein absoluter Fighter sein.«

Treffender könnte man mich kaum beschreiben.

»Hast du dir denn schon überlegt, welches Trainingsziel du verfolgen willst?«

»Na, ich würde gerne Fett ab- und Muskeln aufbauen.«

»Das«, meint André trocken, »wollen eigentlich alle. Aber

was die meisten nicht bedenken: Es sind nun mal zwei gegen-
läufige Prozesse. In deinem Fall würde ich sagen, wir bringen
dich erst mal auf 85 Kilo rauf und dann wieder auf 80 runter.«

Ein Gedanke, der mir schier den Atem verschlägt. Heutzutage löst doch jedes Gramm, das die Waage mehr anzeigt, eine
handfeste Depression aus. Und ich soll mal eben an die zehn
Kilo zunehmen? Irre!

Als ich etwas später das Studio verlasse, habe ich mit André
eine Vereinbarung über ein sechswöchiges HIT-Training getroffen und trage nicht nur einen umfangreichen Trainingsplan in
der Tasche, sondern auch eine Ernährungsanleitung, wonach
ich meine Lebensmittel von nun an mit Eiweißshakes ergänze.

Sechs Wochen sind einerseits ein durchaus relevanter, andererseits ein immer noch überschaubarer Zeitraum, was mir, wie
ich gerne zugebe, das Durchhalten doch sehr erleichtert. Ich
ziehe das Programm durch. Okay, bei den Einheiten, die ich
ohne Andrés Begleitung allein absolviere, zeige ich vielleicht
nicht immer die allerletzte Entschlossenheit, dennoch führt das
Training zu sichtbaren Resultaten, was sich insbesondere bei
einer Gelegenheit erweist: Ich bin nach einem abendlichen
Work-out im Studio direkt nach Hause gefahren und habe mich
dort unter die Dusche gestellt. Anschließend probiere ich ein
paar von den Posen aus, die ich von King Kong abgeguckt habe.
Ich finde, ich gebe dabei ein recht eindrucksvolles Bild ab. Das
liegt, wie ich natürlich auch weiß, vor allem daran, dass die Muskeln nach einem Training schon allein wegen der stärkeren
Durchblutung angeschwollen sind, aber ist doch egal.

Nun platzt während der schönsten Pose unversehens Marianne ins Badezimmer, was mir unsäglich peinlich ist. Ich fühle
mich ertappt und erwarte eine hämische Reaktion, bin aber
sehr überrascht, als Marianne einen Laut von sich gibt, den die
Zoologie wohl einer Raubkatze zuordnen würde. Ehe ich irgend-

etwas sagen kann, hat sie mit ihren Vorderläufen meinen Oberarm gepackt, und zwar so, als handele es sich dabei um ein ausgesprochen wohlschmeckendes Beutetier. Anschließend legt sie noch weitere Verhaltensweisen an den Tag, die weitab vom Alltäglichen sind und die zu erleben ich als echten Glücksfall bezeichnen darf, ohne dass ich hier allzu sehr ins Detail gehen möchte.

(Daher an dieser Stelle ein wichtiger Hinweis an meine Geschlechtsgenossen: Dem, was Frauen über Männer mit ausgeprägten Muskeln *sagen*, sollte man nicht allzu viel Bedeutung beimessen. Was die Muskeln tatsächlich bei ihnen auslösen, wissen Sie erst dann, wenn Sie ihnen welche präsentieren.)

Es wäre ein also naheliegender Gedanke, auf diesem Weg weiterzugehen, allerdings empfinde ich es auf die Dauer doch als öde, mich immer wieder an die gleichen Geräte zu setzen, zumal ich bei meinen Besuchen mehr und mehr den Eindruck gewinne, dass exzessives Trainieren im Fitnessstudio die Menschen vereinsamen lässt. Richtig unheimlich wird mir das, als ich im Umkleideraum einmal ungewollt Zeuge eines Gesprächs werde. Es ist King Kong, den ich da sprechen höre, ohne ihn in dem Moment sehen zu können, da er sich auf der anderen Seite einer Reihe von Kleiderspinden aufhält, die den Umkleideraum in zwei Bereiche unterteilt. Ich weiß daher auch nicht, auf wen er einredet, aber er klingt absolut begeistert: »Mein Körper und ich«, sagt King Kong, »wir sind das ideale Paar. Ich kenne mich ja auch schon, seit ich im Sandkasten mit mir gespielt hab. Schon wenn ich morgens aufwache, bin ich nicht allein, weil: Ich bin ja da. Und wenn ich mich mit jemandem verabreden will, finde ich immer einen Termin, an dem ich noch nichts vorhabe. Also, das mit mir und mir, das ist endlich mal was Ernstes. Ich habe jetzt sogar schon mal gedacht: Ich glaub, ich stell mich meiner Mutter vor.«

Mit diesen Worten schultert er seine Sachen und marschiert von dannen. Nach einer Weile schaue ich unauffällig hinter den

Kleiderspinden nach. Der Raum ist leer. King Kong hat mit sich selbst gesprochen. Draußen sehe ich ihn dann noch einmal. Da holt er gerade sein Handy aus dem Sicherheitsschließfach, wählt dann vermutlich seine eigene Nummer und flüstert sich etwas Liebes auf die Mailbox. Dieses Erlebnis gibt den Ausschlag: Da ich nicht Gefahr laufen möchte, mich in dieser Art der Selbstbespiegelung zu verlieren, suche ich nach Möglichkeiten kraftsportlicher Aktivitäten, bei denen man auch mit anderen Menschen zu tun hat.

Functional Training. Muskeln à la mode

Zum Glück herrscht an Fitnessangeboten wirklich kein Mangel; vor Kurzem lag erst wieder ein Flyer in unserem Briefkasten, der für eine hochmoderne Einrichtung namens »Muskelschmiede« warb. In dieser werde nicht nur nach neuesten sportwissenschaftlichen Erkenntnissen trainiert, es gebe auch jede Menge »Spaß in der Gruppe«. Man verzichte auf all die überflüssigen Geräte, die ein normales Fitnessstudio nur unnötig teuer machen, ohne für den Bewegungsapparat echten Gewinn zu bringen.

Im Netz lande ich schnell auf der entsprechenden Homepage, die mich auf eine weitere Besonderheit der Muskelschmiede aufmerksam macht: Eine ganze Reihe von Menschen, deren Beruf mit »Moderator«, »Fernsehschauspieler« und »Musicaldarsteller« angegeben wird, preisen das besagte Training in allerhöchsten Tönen. Wie es scheint, ist diese Art der Ertüchtigung ein absolutes Muss für jeden, der an einem öffentlichkeitswirksamen Auftritt interessiert ist. Und ich gebe es gerne zu: Von der Vorstellung, dass ich mich auf diesem Weg in den illustren Kreis von Leuten aus dem Showbusiness einfügen könnte, bin ich richtiggehend angefixt. Dieses Training verspricht nicht nur zwischenmenschliche Kontakte, sondern auch Bekanntschaften, die meine soziale Wertigkeit nachhaltig erhöhen. Besser kann es nicht kommen.

Ich träume schon von Selfies mit Til Schweiger, stelle mir vor, dass es von da nur noch ein kleiner Schritt bis zur eigenen Fotostrecke in einem People-Magazin ist, und kann gar nicht schnell genug mit den Muskelschmieden ins Geschäft kommen.

Dass man hier wirklich up to date ist, macht sich schon in der Sprache bemerkbar. Mir wird nämlich kein Probetraining angeboten, sondern eine »Tryout-Session«. Ein weiteres Distinktionsmerkmal besteht darin, dass sich das Geschehen nicht in einem Studio abspielt, sondern in einem »Loft«. Unter der angegebenen Adresse findet sich ein von außen eher unwirtlich aussehender, lang gestreckter Flachbau in einem Gewerbepark. Obwohl ich eine ganze Weile nach dem richtigen Eingang suchen muss, bin ich der Erste, der zum Training erscheint. Ich treffe auf eine Frau, die ich nicht erst zu fragen brauche, ob sie die Trainerin ist – sie macht schon mit ihrer Körperhaltung klar, dass ihr Job nicht im Folgen, sondern im Führen besteht.

»Du bist unser Neueinsteiger? Hi, ich bin Pam.«

Pam ist dunkelhäutig, etwa dreißig Jahre alt und hat sehr kurz geschnittenes Haar. Zur Begrüßung gebe ich ihr die Hand, was ich allerdings gleich bereue, weil sie so fest zudrückt, dass ich mich anschließend erst einmal vergewissern muss, ob sie mir auch alle fünf Finger wieder zurückgegeben hat. Zum Glück ist noch alles dran, dennoch würde es mich bei Pam nicht wundern, wenn sie einer Nebentätigkeit als wandelnde Schrottpresse nachginge.

»Wir werden deinen Körper durch funktionelle Bewegungen trainieren. Das heißt, mit dem öden Aufpumpen isolierter Muskeln wie im Fitnessstudio haben wir nichts am Hut.«

(Da werde ich jetzt natürlich nicht so blöd sein und mich direkt als Dumpfbacke enttarnen, die geradewegs vom Fitnessstudio kommt. Nein, ich schweig fein still!)

»Du hast Trainingserfahrung?«

»Ja, vor allem durchs Pumpen, äh, ich meine: Laufen.«

»Perfekt! Da findest du bei uns die optimale Ergänzung. Bei dem, was wir machen, werden nämlich komplette Muskelketten angesprochen.«

Muskelketten. Klingt irgendwie nach Fesselspielen. Bin ich hier wirklich an der richtigen Adresse?

»Ah, so. Muss ich diese Muskelketten mitbringen, oder werden die zur Verfügung gestellt?«

»Muskelketten bedeutet nur, dass der ganze Körper an einer Bewegung beteiligt ist.«

»Verstehe.«

»Dass wir ohne Geräte trainieren hat für dich außerdem den Vorteil, dass du die Übungen später jederzeit und überall selber machen kannst.«

»Hey, das ist toll«, sage ich. Und denke, hey, das ist blöd! Denn jetzt habe ich gar keine Ausreden mehr.

»Unsere Basics sind Squats, Lunges, Push-ups, Burpees, Jumping Jacks, ...«

»Was bedeutet das gleich wieder?«

»Hampelmänner.«

Offenbar habe ich es mit einem Kombinationsangebot zu tun: Es ist nicht nur Training, sondern auch Sprachkurs: Englisch für Hupfdohlen.

Wenig später werde ich lernen, dass Squats dasselbe sind wie Kniebeugen, Push-ups sind Liegestütze und Lunges Ausfallschritte. Weltneuheiten also, die doch stark an den guten alten Turnvater Jahn erinnern. Könnte es sein, dass ein nicht unwesentlicher Teil des Fitnessgeschäfts darin besteht, sich alle paar Jahre zeitgeistkompatible Bezeichnungen auszudenken, um dem willfährigen Publikum die gleichen Dinge immer wieder aufs Neue verkaufen zu können?

Nach und nach trudeln jetzt die anderen Teilnehmer ein. Sie sind überwiegend männlich und bewegen sich in einem Altersspektrum von Mitte dreißig bis Ende vierzig. King-Kong-Typen sind in der Tat nicht dabei, stattdessen sehe ich einige der angesagten Hipster-Bärte. Ich versuche, die anderen nicht allzu aufdringlich zu mustern, und bin nach der ersten Überprüfung doch ein bisschen enttäuscht: Til Schweiger ist nicht dabei. Andererseits hat sich – Gott sei Dank! – auch kein ehemaliger Dschungelcamp-Bewohner eingefunden. Der Gedanke, es könnte sich diese Art zweifelhafter Prominenz an einem solchen Ort tummeln, war mir nämlich zwischendurch nicht ohne Schrecken durch den Kopf gegangen.

Dafür, dass man hier kein großer Freund des Ausrüstungswahns ist, hängen und stehen im Loft doch recht viele Gerätschaften herum. Manche davon kommen mir ziemlich exotisch vor: dicke Taue, Eisenkugeln mit Griffen dran … Ehe ich aber lange darüber nachsinnen kann, wer wohl die Galeerensklaven sind, die mit solchen Utensilien traktiert werden, geht es los. Pam treibt die Gruppe zur Aufwärmeinheit an. Die besteht aus Jumping Jacks, den Hampelmännern aus der Kindheit, hier allerdings sollen sie mit hohem Tempo und hoher Amplitude – also möglichst weit ausholenden Bewegungen – durchgeführt werden. Wieder was gelernt.

Dann geht es mit Kniebeugen weiter. Sie heißen hier Squats. Aber was ich bislang eher mit Seniorenfitness in Verbindung gebracht habe (der frühere Finanzminister Hans Eichel hat sich angeblich auf diese Weise in Form gehalten), erweist sich für mich als echte Herausforderung. Da ist zum einen die schiere Anzahl an Wiederholungen, die Pam uns abverlangt. Zum anderen kann die Übung variiert werden: Bei den Jump Squats kommen kurze Sprünge hinzu. Dann wird es richtig brutal, und wir müssen die Beine in gebeugter Position und bei nach vorn ausgestreckten Armen halten. Dabei wird mir schnell ein unmittelbarer Vorteil des Trainings in der Gruppe deutlich: Das Beispiel der anderen hat eine ungeheuer motivierende Wirkung. Zum einen, weil ich natürlich nicht der Erste sein will, der aufgibt. Zum anderen fällt das Durchhalten leichter, wenn ich mich nicht auf die eigenen schmerzenden Beine konzentriere, sondern mich im Rhythmus der Gruppe bewege. Dann ist nämlich alles ganz einfach: Pam macht die Übung, die anderen machen die Übung, also mache ich sie auch. Und zwar weit über den Punkt hinaus, an dem ich alleine und im stillen Kämmerlein die Segel gestrichen hätte. Wow, das gefällt mir richtig gut.

Dann aber schaue ich auf eine an der Wand hängende Uhr, und sollte da in meinem Gesicht gerade noch ein Lächeln gewesen sein, dann fällt das jetzt in sich zusammen, denn mir wird klar, dass von dem Training, das eine Stunde dauern soll, gerade mal 17 Minuten verstrichen sind. Geht das jetzt ohne Unterbrechung so intensiv weiter?

»Okay, wir gehen zu Boden«, sagt Pam, »und geben jetzt mal richtig Gas.«

Warum die anderen das mit einem Aufstöhnen kommentieren, begreife ich ziemlich schnell. Denn Boden bedeutet hier natürlich nicht Abliegen, Ausruhen, Wellnessmassage, nein, wir machen Push-ups, die wohlgelittenen Liegestütze. Hier sollte mir, denke ich, mein Krafttraining aus dem Fitnessstudio zugutekommen, und wirklich: Bei Wiederholung eins bis zehn geht es mir hervorragend. Ich bin Supermann, ich bin gedopt, keiner kann mich stoppen. Nummer elf bis fünfzehn kriege ich ganz gut hin. Bei Nummer siebzehn beginnen die Schmerzen, und bei Nummer zwanzig verspüre ich den dringenden Wunsch nach einem ausgedehnten Kuraufenthalt in Bad Kreuznach. Da ruft Pam unvermittelt so etwas wie »Hooya!« in die Runde, was für sich genommen schon befremdlich ist, dann aber von der gesamten Gruppe auch noch mit einem ebenso donnernden »Hooya!« beantwortet wird. Großer Gott, wo bin ich hier hingeraten? Ich halte inne und will um Erklärung suchend in die Runde schauen, da herrscht Pam mich an: »Mach weiter! Go! Kneif die Arschbacken zusammen! Ich will von dir noch 20 Liegestütze sehen.«

Ich versuche, die Worte »wie bitte?« hervorzubringen. Aber das scheint ihr überhaupt nicht zu passen.

»Noch Kraft zum Quatschen? Dann machst du 30!«

Ein absolut indiskutables Verhalten, das die Dame da plötzlich an den Tag legt. Irgendjemand müsste mit ihr dringend über gesellschaftlich korrekte Umgangsformen sprechen. Tatsächlich aber nehmen die Sportfreunde ihre Ausfälle nicht nur widerstandslos hin, sie versuchen auch noch, ihr alles recht zu machen. Pam hat mich glücklicherweise nicht allein auf dem Kieker, sondern hat sich jetzt wieder der ganzen Gruppe zugewandt: »Seid ihr zum Kuscheln hergekommen, oder was ist los? Ihr wollt Kerle sein? Ich sehe hier nur Sissys, verdammt noch mal. Fangt an zu arbeiten, oder ich reiß euch den Arsch auf! Hooya!«

»Hooya!«

Was ich nach der ersten Irritation dann schon begreife: Ich bin in einem Bootcamp gelandet. Und Pam ist offenbar bei den US-Marines groß geworden, denn sie ist als Drill Instructor so überzeugend, dass man nicht ans Aufgeben oder Widersprechen denken mag. Nach den Liegestützen werden wir von ihr noch bei einer ganzen Reihe weiterer Übungen zu Höchstleistungen gepusht: Schulterpresse, Ausfallschritte, Sit-ups, es nimmt kein Ende. Dass ich hier ein unbedarfter Einsteiger bin, der doch nur mal schauen wollte, wie es so läuft – für Pam spielt das überhaupt keine Rolle. Im Gegenteil. Sie ist wild entschlossen, die ganze Truppe ans Ziel zu bringen. (Richtig, so war das: Die Marines lassen keinen zurück.) Immer wieder kniet, steht, hockt oder liegt sie neben mir und brüllt mich an: »Ob du müde bist, interessiert mich nicht. Ob du Schmerzen hast, interessiert mich nicht. Ob du aus den Ohren blutest, interessiert mich nicht. Du kannst flennen. Du kannst kotzen. Du kannst nach deiner Mama rufen. Aber du wirst weitermachen!«

Unter mir hat sich inzwischen eine größer werdende Lache aus Schweiß gebildet, und ich habe den Geschmack von Blut, Eisen und Pulverdampf im Mund, aber das ist egal, denn es gibt mich eigentlich gar nicht mehr. Dass mir jemand mit ungebremster Power ins Ohr brüllt, um mich anzufeuern, wirkt wie eine Willens- und Energieübertragung und lässt mich irgendwann wie in Trance weitermachen. Schließlich schaffe ich sogar noch eine Serie von Burpees, einer absolut tödlichen Kombination aus Liegestütze und Strecksprung. (Vom Englischen *to burp* – rülpsen.)

»Ich gebe euch jetzt noch eine verdammte Chance, mir zu zeigen, dass ihr keine Weicheier seid. Ihr packt noch zehn Wiederholungen drauf, und wenn ich euch danach vom Boden aufwischen muss ... Hooooya!«

»Hooooya!« Und diesmal brülle ich mit.

Ich komme langsam wieder zu mir, als das Training in eine Cool-down- und Stretching-Phase mündet, in der sich auch Pam in eine Zivilistin zurückverwandelt.

Bei mir knirschen sämtliche Muskelketten, und ich muss mich beim Gehen leicht an der Wand abstützen, weiß aber trotzdem, dass ich weitermachen will. Was mir die Entscheidung erleichtert: Ich muss dafür keinen Knebelvertrag unterschreiben, bei dem ich jahrelang zu zahlen hätte, auch wenn ich mich nach dem dritten Besuch nicht mehr blicken lasse. Stattdessen kann ich eine Zehnerkarte lösen und dann am Training teilnehmen, wenn es der Terminkalender gerade zulässt. Für mich ist das eine absolut passgenaue Lösung, und es dauert nur wenige Wochen, da habe ich die zweite Zehnerkarte schon abgearbeitet.

Marianne hat bereits argwöhnisch geäußert, es könnten weniger sportliche Ambitionen als vielmehr die weiblichen Reize der Trainerin sein, die mich dorthin ziehen; diesen Verdacht aber weise ich weit von mir. Es würde mir nicht im Traum einfallen, ein Rendezvous mit Pam anzustreben. Viel zu groß das Risiko, dass ich da womöglich Leistungsdefizite zeige und mir anhören muss: »Und du willst ein Kerl sein?«

Nein, was mich anspornt, ist stattdessen die folgende Vision: Ich werde mich mit Pams lautstarker Unterstützung einfach so gut im Form bringen, dass Til Schweiger – so er denn eines Tages im Loft auftaucht – darum bettelt, dass er ein Selfie mit mir machen darf.

Hooya!

Zwischenbilanz

1. Der Facebook-Check

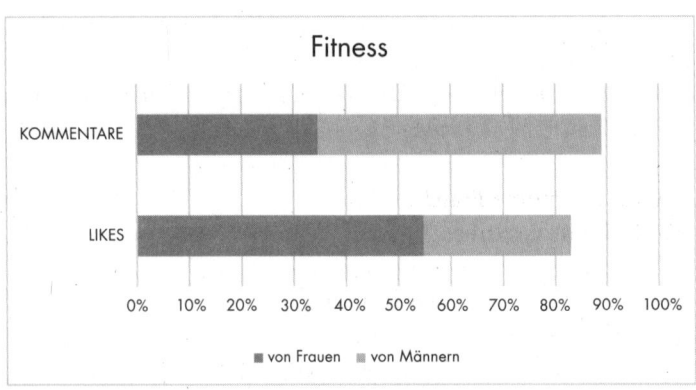

Von den Reaktionen auf meine Facebook-Posts aus dem Bereich »Fitness« bin ich echt überwältigt. Binnen weniger Minuten erhalten die Beiträge Dutzende Likes und Kommentare. Aus vielen davon spricht der pure Neid. Jedenfalls lese ich das so zwischen den Zeilen. Explizit schreiben tut's natürlich keiner. Was ich dagegen hinnehmen muss, als ich einmal über schlechtes Wetter während eines Outdoor-Trainings berichte: Da heißt es doch tatsächlich, ich solle gefälligst »nicht jammern«. Ich will nicht weiter darüber spekulieren, was für Maulhelden sich zu solchen Kommentaren bemüßigt fühlen, aber danke für den Hinweis.

Was weiterhin auffällt: In diesem Bereich kommen die Gefällt-mir-Angaben meist von Frauen, die Kommentare aber zum ganz überwiegenden Teil von Männern. (Recht so. Die sollen sich ja auch herausgefordert fühlen.)

2. Fühle ich mich besser?

Aber ja! Sporteln macht Spaß und führt zu echten Ergebnissen: Beim Blick in den Spiegel sehe ich die Kontur eines Athleten. Zumindest ansatzweise. Hier und da. Allerdings muss ich auch sagen: Wer ein halbwegs regelmäßiges Programm absolviert, der ist eigentlich immer groggy. Durch Fitness-Aktivitäten fühle ich mich also immer dann am besten, wenn ich mal zwei, drei Tage darauf verzichte.

3. Was sagt meine Frau?

Die Reaktionen meiner Frau auf meine Fitness-Aktivitäten sind widersprüchlich. Jede noch so kurze trainingsbedingte Abwesenheit von zu Hause wird als strafwürdige Vernachlässigung der familiären Pflichten interpretiert und stößt entsprechend auf Kritik, Unmut, vorwurfsvolle Blicke. Ein ewiges Drama. Dass jedoch die bislang verborgenen Supermann-Konturen ihres Gatten nach und nach zum Vorschein kommen, lässt sie in einer Weise reagieren, deren Beschreibung gegen sämtliche Jugendschutzbestimmungen verstoßen würde. Mein Fazit fällt mithin positiv aus, auch wenn es teuer erkauft ist.

4. Und die Kosten?

Basics wie Funktionskleidung und Laufschuhe sehe ich als absolut sinnvolle Anschaffung an. Auf fachkundige Anleitung, die es etwa in einem Sportverein recht günstig gibt, würde ich ebenfalls nicht verzichten, und ich bin mir auch nicht zu schade, eine Kostenbeteiligung der Krankenkasse in Anspruch zu nehmen. Personal Training ist naturgemäß teurer. Manche Läufer satteln nach einer Weile auf Triathlon um. Insbesondere bei der Anschaffung entsprechender Räder sind dann nach oben überhaupt keine preislichen Grenzen mehr gesetzt. Aber da handelt es sich ja auch vielfach nicht mehr um Sportgeräte, sondern um Statussymbole.

5. Maximales Sau-rauslassen-Glückserlebnis…

… ist – bei allen Erfolgen, die ich inzwischen verzeichnen kann – doch der Anfang gewesen. Als ich dem Schweinehund erstmals die Zähne zeige und loslaufe mit dem Gefühl, jetzt auch nie wieder aufzuhören.

III
BEAUTY

Man muss die Zähne zeigen, solange man welche hat

Von dem Punkt, den ich erreicht habe, könnten die Dinge wieder einen beschaulichen Fortgang nehmen. Meine sportlichen Anfangserfolge sind durchaus ansehnlich, obwohl sie mir noch vor wenigen Monaten schier unerreichbar vorkamen – warum soll ich nicht damit zufrieden sein? In meiner Umgebung würde sich bestimmt niemand beschweren, wenn ich mich in der Alltagstretmühle wieder vom alles beherrschenden Sog der Nachlässigkeit einfangen ließe. Trotzdem geht mein Selbstoptimierungstrip weiter, und daran ist ein komischer Online-Schönheitstest schuld.

Zufällig lese ich von dieser Möglichkeit, meine äußere Erscheinung bewerten zu lassen. Und zwar nicht von irgendeiner halbseidenen Jury oder einer Rotte von Internet-Trollen, sondern von einem Computer, der Schönheit auf Grundlage verallgemeinerbarer Kriterien objektiv und wissenschaftlich misst und mittels unbestechlicher Algorithmen berechnet. Natürlich interessiert mich das!

Das Prinzip ist auch denkbar einfach: Ich muss nur ein Foto von mir auf eine Internetseite hochladen, und nach wenigen Augenblicken wird mir beschieden, ob ich als »gottgleich« einzustufen bin oder besser beraten wäre, wenn ich die Öffentlichkeit generell meide. Das Ergebnis ist niederschmetternd. Zwar schätzt das Programm mich ein paar Jährchen jünger ein, als ich tatsächlich bin (da fühle ich mich geschmeichelt), und es erkennt, dass es sich bei mir um einen Mann handelt (da bin ich beruhigt). Mein Aussehen aber bewertet es als gerade mal »okay«. Von den fünf möglichen Bewertungsstufen, die es gibt, ist »okay« die vorletzte. Hinter »okay« kommt nur noch »hmm...«. Ich bin am Boden zerstört. Hatte ich doch mit großer Sorgfalt ein Foto ausgewählt, auf dem ich ganz besonders lächelnd, smart und gewinnend wirke – so dachte ich wenigstens. Mit fliegenden Fingern lade ich eine Reihe anderer Bilder zur Begutachtung hoch – das Ergebnis ist jedes Mal das gleiche. Steht es denn wirklich so schlimm um mich?

Mir kommt ein weiterer Test in den Sinn, von dem bei irgendeiner Talkshow mal die Rede war: Man legt einen Spiegel auf den Tisch, beugt das Gesicht drüber, schaut in den Spiegel, und alles, was man runterhängen sieht, muss weg. Dringende Bitte: Sie sollten diesen Test nicht machen, wenn Sie in einer psychisch labilen Verfassung sind. Nachdem ich den Test gemacht habe, bin ich in einer äußerst labilen Verfassung. Unter anderem ist mir schlagartig klar geworden, warum Frauen irgendwann keine Lust mehr auf Sex haben. Ist doch klar: Wenn er oben liegt und alles, was sie sehen kann, ist das rhythmische Schaukeln seiner Hängebäckchen ... Das ist doch ein Scheidungsgrund!

Etwas muss passieren, und zwar schnell. Ich werde es nicht darauf ankommen lassen, dass meine Mitmenschen schreiend Reißaus nehmen, sobald ich vor die Haustüre trete.

Praktischerweise tauchen auf der Schönheitstestseite gleich mehrere Werbebanner von Instituten für ästhetische Medizin auf, sodass ich mir direkt ein Bild von den infrage kommenden Maßnahmen machen kann. So unterschiedlich die Angebote auch sind, einen Hinweis kriege ich von allen ästhetischen Medizinern aufs Brot geschmiert: dass es nämlich einen eklatanten »Zusammenhang von Aussehen und privatem wie beruflichem Erfolg« gibt, der als »nachgewiesen« gelten muss. Dass mir auf der anderen Seite »tiefgreifende psychische Probleme« drohen, wenn meine äußere Erscheinung »dem vorherrschenden Ideal nicht entspricht«. Ein Besuch im Schwimmbad etwa werde da »zur reinsten Tortur«, und auch die Sonnenstunden »lassen sich nur zurückgezogen genießen«.

(Deswegen sind doch die Geschäfte heutzutage so lange geöffnet: Damit all die lichtscheuen Grottenolme, die sich tagsüber nicht mehr nach draußen trauen, im Schutz der Dunkelheit schnell noch in den Supermarkt huschen können, um ein paar Dosen Eier-Ravioli zusammenzuklauben, die ihr Überleben für eine weitere Woche sicherstellen.)

Nun kann die ästhetische Medizin an vielen Punkten ansetzen, um mich zu verschönern; es gibt allerdings ein unmittelbar deutlich werdendes Problem: Das Vollprogramm, bei dem Hals und Lider gestrafft, die Wangen geliftet sowie Kinn und Nase korrigiert werden, ist so schweineteuer, dass ich es nur bezahlen könnte, wenn die Familie für die nächsten zehn Jahre auf Urlaubsreisen verzichtet. Angesichts der bei uns zurzeit herrschenden Machtverhältnisse (Frau und Kinder betrachten mich als eine Art Leibeigenen, der das Haus zwar jederzeit verlassen darf, um a) Geld zu verdienen oder b) das Leergut wegzubringen, sonst aber besser keine eigenen Ansprüche anmeldet) erscheint mir das nicht durchsetzbar.

Aber wenn kein Budget für ein vollkommen neues Gesicht vorhanden ist, so kann ich doch vielleicht an einzelnen Details arbeiten. Auch da gibt es eine Menge potenzieller Baustellen.

Und ich will handeln. Je schneller, desto besser. Deswegen denke ich auch nicht lange über einen Masterplan nach, sondern frage mich: Was geht am schnellsten? Wo bekomme ich direkt einen Termin?

Als Erstes fällt mir da mein Zahnarzt ein. Den sollte ich

wegen der allfälligen Kontrolluntersuchung ohnehin schon lange einmal wieder konsultiert haben. Und der hat inzwischen auch schönheitsbefördernde Maßnahmen im Programm. Genau: »Wir schenken Ihnen ein strahlendes Lächeln!«, so heißt jetzt sein Praxismotto. Wobei »schenken« hier natürlich nicht wörtlich zu nehmen ist, im Gegenteil: Auch für eine sogenannte Basisbehandlung, nämlich das Bleichen der Zähne, ist ganz schön was zu berappen. Gerade diese Maßnahme aber könnte sich in meinem Fall als äußerst sinnvolle Investition erweisen. Denn wenn ein strahlendes Lächeln als Visitenkarte gilt, so ist meine derzeit in einem suboptimalen Zustand. Die Jahre, der Rotwein und fortgesetzter Kaffeegenuss in einem Ausmaß, den wohl auch ein milde gestimmter Mediziner als »Missbrauch« bewerten würde – all dies hat meine Frontbezahnung eine gewisse Patina ansetzen lassen. Dem Kenner kündet sie zwar von der Freude an den schönen Dingen des Lebens, schön anzusehen ist sie aber eher nicht.

Also buche ich beim Zahnarzt meines Vertrauens neben einer Kontrolluntersuchung nicht nur eine »professionelle Zahnreinigung«, sondern auch ein »Bleaching« – und sehe dem Ereignis mit äußerst gemischten Gefühlen entgegen – einfach, weil Zahnbehandlungen in der Regel kein Vergnügen sind. Zwar bin ich mit Praxisräumen, handelndem Personal und dem Vorgang der Zahnreinigung vertraut, aber wenn ich die furchtbaren Instrumente sehe, mit denen hantiert wird, die kratzenden, schabenden, knirschenden Geräusche höre, die entstehen, wenn die unerwünschten Ablagerungen mit roher Gewalt weggekratzt, -geraspelt und -geschliffen werden … Mit jeder Körperfaser möchte ich da eigentlich rennen, fliehen, mich retten. Und ich habe einmal mehr inniges Verständnis für Menschen, deren Angst vorm Zahnarzt so groß ist, dass sie eher das Vermodern ihrer Mundhöhle hinnehmen, als sich jemals einem dieser Folterknechte auszuliefern.

Was mich allerdings tröstet, ist der Gedanke an den höheren Zweck, dem all dies dienen soll. Die Redewendung »wer schön sein will, muss leiden« ist mit Sicherheit erstmals in einem Zahnarztstuhl ersonnen worden. Wenn besonders intensives Leiden auch ein besonders hohes Maß an dadurch gewonnener Schönheit bedeutet, dann, so stelle ich mir vor, werde ich die Praxisräume gleich als Halbgott wieder verlassen.

Nachdem die Reinigung glücklich überstanden ist, geht es mit dem Bleichen los. Das ist bestimmt deutlich weniger unangenehm, stelle ich mir vor, schließlich tragen die nur irgendeine Substanz auf meine Zähne auf.

Die zahnhygienische Fachkraft, die mit dieser Aufgabe betraut ist, erledigt das auch sehr routiniert und meint: »Das Bleichen ist eine total beliebte Behandlung geworden, und mit all diesen Berichten über negative Folgen wird den Leuten ja auch nur Angst eingejagt.«

»Angscht? Wiescho?«, frage ich mit einem gefühlten Dutzend dieser Dentistentampons im Mund. »Gibtsch da irgendwasch, dasch ich wischen müschte?«

»Nein, keine Sorge, Sie müssen nichts wischen, darum kümmere ich mich schon.«

»Isch meine nischt wischen, schondern wischen. Im Schinne von Erkenntnisch.«

Wer so redet, wird es generell schwerhaben, ernst genommen zu werden, trotzdem ist der Zahnarzthelferin wohl klar geworden, dass sie mit ihrem leichtfertigen Geplapper einen Fehler gemacht hat, den sie nun wiedergutzumachen versucht: »Was Sie wissen müssen, ist, dass wir mit einem sorgfältig geprüften und modernen Verfahren arbeiten.«

Genau die Art von Statement also, die beruhigen soll und damit das Gegenteil erreicht. Denn wenn man »sorgfältig prüfen« muss, was für Risiken werden dann vermutet? Und wenn das Verfahren »modern« ist, was für unbekannte Langzeitfolgen können auftreten? Ich spüre den Anflug, nein, vielmehr den ungebremsten Aufprall von Panik: Da spricht offenbar die halbe Welt gerade von einem Bleichmittelskandal – nur ich habe es wieder nicht mitgekriegt und bin womöglich ein ahnungsloses Versuchskaninchen, an dem irgendwelche Substanzen getestet werden. Wer weiß, was da drin ist? Darf ich mich über ein »strahlendes Lächeln« freuen, weil die Gute mir gerade Uran, Plutonium oder Strontium 90 verabreicht?

Einen ganz eigenartigen Geschmack habe ich plötzlich im Mund, habe das Gefühl, dass meine Sinne schwinden. Und obwohl das Gesicht der Zahnarzthelferin hinter einem Mundschutz verborgen ist, meine ich zu erkennen, dass es sich zu einer diabolischen Fratze verzieht. Ich bin sicher, dass diese Sache kein gutes Ende nimmt. Im Gegenteil: Die Menschen werden meinen Namen demnächst in einem Atemzug mit dem von Sexy Cora nennen, weil auch die eine Beauty-Behandlung mit dem Leben bezahlt hat. »Und ihm«, werden sie sagen, »ging es um strahlende Zähne – was für ein Idiot!«

In solchen Schreckensvisionen verliere ich mich für einen Moment und schrecke wieder hoch, als es heißt: »So, Sie haben es geschafft. Jetzt bitte eine Stunde lang nichts essen und trinken – und dann können Sie Ihr neues Lächeln genießen.«

Benommen rappele ich mich aus dem Zahnarztstuhl auf. Der Geschmack im Mund ist immer noch eigenartig, ansonsten aber scheinen alle meine Körpersysteme reibungslos zu funktionieren. War wohl doch alles nicht so schlimm. Ich lebe noch, und es geht mir sogar so gut, dass mir auf dem Nachhauseweg eine ganz verwegene Idee kommt.

Auf der Strecke liegt nämlich ein Optikergeschäft, da marschiere ich kurz entschlossen hinein und besorge mir ein Paar farbiger Kontaktlinsen, die meine eigentlich eher ordinäre Augenfarbe,

Schiefergrau, hin zu einem ebenfalls strahlenden Himmelblau veredeln sollen.

Ich setze die Dinger gleich vor Ort ein, lasse mir einen Handspiegel reichen, schaue und kann mein Glück kaum fassen. Der Aufwand gering, die Wirkung ein Hammer: Der Mann, der mich da aus dem Spiegel anstrahlt, kann es locker mit Tom Cruise, Brad Pitt oder dem jungen Paul Newman aufnehmen.

Als ich nach Hause komme, treffe ich auf unseren Sohn Jonas. Ich bin immer noch ganz beseelt von meiner Verwandlung, lasse Zähne und Augen um die Wette strahlen und begrüße ihn überschwänglich. »Hey, mein Lieber. Wie geht's?«

Jonas zeigt allerdings eine Reaktion, die ich so nicht erwartet habe: Er guckt, stutzt, wendet sich ab, läuft die Treppe hoch und ruft: »Mama, Mama, komm schnell! Ich glaube, Papa hat Drogen genommen.«

»Waas?«

»Ja, guck doch. Der grinst so komisch.«

Und – das Herz will mir brechen – als er weiterspricht, höre ich, dass der Junge weint. »Und außerdem hat der Papa ganz gruselige Augen.«

Marianne kommt im Alarmmodus herangerauscht, schaut mich an und fragt: »Was ist denn mit dir passiert?«

Tja, das möchte ich jetzt auch gerne mal wissen. Diesmal ziehe ich den Wandspiegel im Flur zurate. Und tatsächlich: Im Kunstlicht des Optikergeschäfts leuchteten die Augen vorhin noch so blau wie der Enzian, hier wirken sie irgendwie milchig und blass. Als hätte ich Grauen oder Grünen Star oder alles zusammen. Die Linsen herauszunehmen und zu entsorgen ist eine Sache von Sekunden. Dagegen dauert es eine geraume Weile, bis ich Jonas davon überzeugen kann, dass sein Vater weder Drogen nimmt noch Opfer einer Vampir-Attacke geworden ist.

Aber sollen denn meine Anstrengungen völlig sinnlos geblieben sein? Damit will ich mich nicht abfinden. Am Abend nehme ich deshalb noch ein »Strahlendes-Lächeln«-Selfie auf, mit dem ich mein Profilbild aktualisiere, und muss erleben, was im sozialen Netz als Höchststrafe gilt: Keine Sau reagiert. Für Ehrenmänner aus ostasiatischen Kulturkreisen wäre so etwas Anlass, den Adjutanten herbeizurufen und die notwendigen Utensilien für den rituellen Selbstmord bereitzulegen. Ich bin immerhin schon so weit, dass ich die Nummer der Telefonseelsorge googeln will. Aber bei der Gelegenheit bemerke ich, dass ich die Seite mit dem Schönheitstest noch in meinem Browserverlauf habe. Ich lade das aktuelle Bild hoch. Mehr der Vollständigkeit halber, befürchte ich doch insgeheim die Herabstufung auf die Kategorie »Sondermüll«. Aber siehe da: Mein Ranking hat sich verbessert. Ich bin jetzt nicht mehr »okay«, sondern eine Stufe hochgeklettert. Ich bin jetzt »nice«.

Frau und Kinder sowie meine vorgeblichen Netzfreunde, die können mir allesamt gestohlen bleiben. Mir ist endlich klar geworden, wer auf dieser Welt der Einzige ist, der mich tatsächlich wertzuschätzen weiß. Er heißt Algo. Mit vollem Namen Algo Rithmus. Und der – ich habe es schriftlich –, der findet mich »nice«. Ätsch! Und sobald ich herausgefunden habe, wie er zu erreichen ist, werde ich mit ihm einen trinken gehen.

Kosmetikstudio. Mein erstes (und wohl auch letztes) Mal

Ja, ich bin eitel. Gebe ich gerne zu. Ich will gefallen. Mir selbst und auch möglichst vielen anderen. Ob Frauen oder Männern – völlig egal. Ich würde sogar dem Gummibaum im Wohnzimmer gefallen wollen, wenn wir dort einen hätten. Nur beschleicht mich das Gefühl, dass es für mich ums Gefallen schon gar nicht mehr geht. Wenn ich nicht aufpasse, bin ich durchgefallen.

So halte ich mich nach einer meiner Vorstellungen im Theaterfoyer auf, als eine Dame ihre Schritte in meine Richtung lenkt. Ah, freue ich mich schon, da ist wieder jemand, der gern ein Kompliment loswerden oder mich um eine Autogrammkarte bitten möchte. Ich tue ganz cool und gelassen, um die erwartete Ergebenheitsbekundung mit der gebotenen Souveränität entgegenzunehmen. Tatsächlich aber mustert mich die Dame nur kurz, wendet sich dann ihrer Gruppe zu und ruft mit einer Lautstärke, dass wirklich alle sie hören können: »Von Weitem sieht er besser aus.«

Ja, danke. Jetzt weiß ich endlich, warum viele Zuschauer sich lieber nicht in die erste Reihe setzen. Und spüre am eigenen Leibe, wie das ist, wenn man zum Gegenstand einer Fleischbeschau gemacht, ja, zu einem Objekt herabgewürdigt wird – und dann noch nicht einmal Gnade findet. Ein Erlebnis, das Anlass genug wäre, eine Aufschrei-Kampagne zu starten, für mich aber vor allem dazu führt, jetzt noch selbstkritischer in den Spiegel zu blicken und dabei eine meiner Grundeinstellungen zu überdenken: Nie hätte ich gedacht, dass so etwas wie »Kosmetik« für mich ein Thema sein könnte. Ich habe sie, im Gegenteil, immer verachtet wie viele Männer meines Alters. In meiner Jugend habe ich es noch erlebt, dass ich von Freunden für den Gebrauch eines 8x4-Deosticks ausgelacht wurde. Das einzige einschlägige Produkt, das ich dann als junger Erwachsener (gelegentlich) verwendet habe, war das »Rasierwasser« einer Marke, die, glaube ich, auch mein Großvater an der Ostfront schon im Gepäck hatte.

Außer dem Rasierzeug bestanden meine Körperpflegeutensilien nur aus Kamm und Shampoo. Denn für mich galt immer der Satz: »Frauen betreiben Körperpflege. Männer sind abwaschbar.«

Wenn mich heute allerdings sogar der Trainer der Deutschen Fußball-Nationalmannschaft vom Sinn der Anwendung kosmetischer Produkte überzeugen will, dann hat sich am herrschenden

Männerbild offenbar etwas geändert. Allerdings geben unsere Fuß-
ballspieler ein – wie ich finde – nicht unproblematisches Vorbild
ab. Bei manchen dieser Bubis würde es kaum überraschen, wenn
ihre Betreuer sie an der Seitenauslinie nicht mit Bandagen und
Vereisungsspray, sondern mit Fön und Haargel behandeln. Wohin
das führt, sieht man an den brasilianischen Männern. Die stehen,
wie ich gelesen habe, täglich noch geschlagene 15 Minuten länger
im Bad als deutsche. Für mich ein klares Zeichen der Verweichli-
chung und bestimmt mit ein Grund dafür, dass wir Brasilien bei
der WM 2014 mit 7:1 vom Platz gefegt haben.

Wenn ich aber jetzt – vielleicht gerade noch rechtzeitig – zu
Cremes und Pasten greife, dann könnte ich mir damit vielleicht
die Schönheitsoperationen ersparen.

Also schaue ich halt in Gottes Namen mal nach, was es auf
dem Markt so gibt, und schon stoße ich auf ein unüberwindba-
res Hindernis: Welcher Hauttyp bin ich denn eigentlich? Ist
meine Haut empfindlich oder fettig? Ist sie faltig oder unrein?
Oder habe ich ganz einfach nur »alternde« Haut? Ich weiß nur,
dass ich keine der möglichen Zuschreibungen als schmeichel-
haft empfinde. Diese Kosmetik-Fuzzis sind aber auch zu blöd!
Wer mich ernsthaft zum Kauf seiner Produkte bewegen will,
sollte es schon etwas geschickter anstellen.

Ich will die Sache schon aufgeben, da fallen mir die vielen
Döschen und Tiegel ins Auge, die Marianne so im Badezimmer
stehen hat. Wozu braucht man all dieses Zeug eigentlich? Die Pro-
duktbezeichnungen geben nur wenig Orientierung. Einige klingen wie Substanzen aus mittelalterlichen Hexenküchen (»Mariendistel-Einreibung«), andere eher wie Moleküle aus dem fernen
Weltraum (»Perfluorodecalin«). Aber wenn zum Beispiel ein
»Wimpernserum« Marianne zu ihrer aparten Erscheinung ver-
hilft, dann kann mir das wohl auch nicht schaden, denke ich, und
trage es mal großzügig auf. An Gesicht, Hals und Dekolleté. Gleich

fühle ich mich deutlich verjüngt. Als ich die Dose aber auf die Ablage zurückstellen will, sehe ich, dass auf der Unterseite noch das Preisschild klebt. Und was es verrät, lässt mich wieder schlagartig um fünf Jahre altern.

Tags darauf wähle ich Mariannes »Repair Uplift-Firming«, und wenig später nehme ich die Mariendistel-Einreibung an mir vor. Ich will mich schon deswegen nicht immer am selben Töpfchen bedienen, damit Marianne nicht merkt, dass sie jetzt Wirtstier eines Kosmetikparasiten ist. Trotzdem dauert es nicht lange, bis sie den Braten riecht. Ich mache den Fehler, ihr einen Gute-Nacht-Kuss geben zu wollen, da nimmt sie Witterung auf, schnuppert an meinem Gesicht herum und fragt: »Benutzt du etwa meine Hautcreme?«

Mist. Ertappt.

»Benutzen ist absolut nicht der richtige Ausdruck. Sagen wir, ich habe mal einen Klacks davon zu Testzwecken ausprobiert.«

Sie hebt die Augenbraue. »Schon öfter?«

»Wenn das hier ein Verhör ist, musst du mir erst meine Rechte vorlesen!«

»Das mit den Rechten gibt's nur im Film. Hier im Ehebett gilt nur, dass alles, was du sagst, gegen dich verwendet werden wird.«

»Dann sage ich lieber nichts mehr.«

»Du schaust mich aber bitte mal an.«

»Warum?«

»Spurensicherung.«

Marianne nimmt mein Gesicht in beide Hände, um es einer – wie mir scheint – ausgesprochen kritischen Prüfung zu unterziehen. Etwa so, als würde sie im Supermarkt einen Salatkopf betrachten, von dem sie glaubt, dass er eigentlich schon in die Biotonne gehört. Sogar ihre Leselampe zieht sie heran, um noch die letzte Mimikfalte auszuleuchten.

»Welche Creme hast du denn da um Gottes Willen genommen?«

Ganz schwierige Situation. Die Wahrheit wäre ja »alle«. Aber wenn ich das sage, reißt sie mir den Kopf ab. Also flüchte ich mich in eine kleine Notlüge: »Ich habe gar nicht so genau drauf geachtet.«

»Es war in jedem Fall die falsche. Meine Sachen sind für dich absolut ungeeignet, denn du hast ja schon so fettige Haut.«

(Frauen! Wenn sie dich mal am Wickel haben, dann machen sie dich auch richtig fertig.)

»Ich weiß, was wir machen«, sagt Marianne dann mit einem sehr entschlossenen Ausdruck in der Stimme.

»Ach ja? Was denn?«

»Wir schicken dich ins Kosmetikstudio.«

Welcher Personenkreis auch immer mit diesem »wir« gemeint ist, er verfügt hier offenbar über die absolute Mehrheit. Das Einzige, was mir bleibt, ist zaghafter Protest: »Ich soll in ein Kosmetikstudio gehen? Aber ... wenn mich da einer sieht!«

»Da könnte dich ja nur jemand sehen, der sich auch dort befindet. Also, wo ist das Problem?«

Nichts gegen intelligente Partnerinnen, aber manchmal können sie auch ganz schön nerven.

»Aber ist so ein Besuch im Kosmetikstudio nicht viel zu teuer?«, versuche ich die Sache noch abzuwenden.

»Ich hab da noch irgendwo einen Gutschein.«

Der Einspruch ist also abgelehnt. Gleich am nächsten Morgen begibt Marianne sich auf die Suche, was eine Weile dauert, denn in unserem Regal befindet sich eine recht ansehnliche Sammlung von Gutscheinen. Einmal im Jahr ist »G-Day«, da werden diejenigen aussortiert, bei denen die Einlösefrist abgelaufen ist. Für den Gutschein des Kosmetik-Instituts »Ideala« trifft dies noch nicht zu.

Das Programm des Instituts umfasst unter anderem eine

»Gentleman-Beauty-and-Relax-Behandlung«, was wiederum ein Beispiel für ausgesprochen geschicktes Marketing ist, denn als »Gentleman« möchte ich mich gerne sehen. (Man stelle sich vor, die Leistung würde unter der Bezeichnung »Streichelstündchen für Kuschelbären« angeboten. Geht gar nicht.)

Und obwohl es mir nicht nur ein bisschen peinlich ist: Marianne bringt mich hin. Sie kennt den Laden und will mich offenbar auch noch briefen: »Nicht, dass du dich wunderst. Das Studio verfolgt eine ganzheitliche Philosophie.«

»Was hat das denn zu bedeuten?«

»Na ja, dass es eben auch so ein bisschen Hokuspokus gibt. Tu einfach so, als fändest du das ganz normal, ja?«

Dann werde ich der Kosmetik-Fachkraft vorgestellt. Sie erinnert mich spontan an die selige Klementine aus der Ariel-Werbung, behauptet aber, dass ihr Name Elogya sei. (Wie ich von Marianne weiß, ein spiritueller Name, der sich aus Geburtsdatum und Hausnummer zusammensetzt und gegen eine Schutzgebühr von 50 Dollar online bei einer buddhistischen Gottheit beantragt werden kann.)

Im Hintergrund sind einschlägige Synthesizerklänge und meditatives Vogelgezirpe zu hören. Ich denke, okay, viva Entspannia, als ich aber den Raum betrete, in dem die Behandlung vorgenommen werden soll, bin ich sofort wieder beunruhigt. Dort ist eine Liege aufgebaut, neben der sich so etwas wie eine OP-Lampe und ein Tisch mit Gerätschaften findet, die doch sehr nach chirurgischem Besteck aussehen. Sofort denke ich an amerikanische Kriminalfilme der schwarzen Serie, in denen entlaufenen Gaunern von zwielichtigen Doktoren ein neues Gesicht verpasst wird. Nun sieht Klementine-Elogya nicht so aus, dass man ihr solche Taten zutrauen würde, also nehme ich den mir zugedachten Platz auf der Liege ein und bekomme die Anweisung: »Dann lassen Sie sich mal verwöhnen.«

Und dann geht es los. Poren werden geöffnet, es wird gepeelt, massiert, getränkt, genährt, gesalbt, gecremt...

Das Geplauder meiner Klementine, die Massage, die sie meinem Gesicht angedeihen lässt, das Vogelgezirpe und die Synthesizerklänge – all das hat dabei eine Art sedierende Wirkung. Gefällt mir.

Zugegeben: Mit dem Idealbild harter und bedürfnisloser Männlichkeit ist dieses Geschehen nicht in Einklang zu bringen. Aber, denke ich, vielleicht muss man auch im Hinblick auf seine Idealbilder flexibel sein. Hier wird eben eine etwas andere Art von Männlichkeit zelebriert. So, wie man mich gerade verwöhnt, würde man sich bestimmt auch um einen orientalischen Pascha kümmern. Eine Vorstellung, von der ich Marianne besser nichts erzähle, mit der ich mich in diesem Moment aber auf eine schon fast unanständige Weise wohlfühle. Tatsächlich gebe ich auch zwei-, dreimal eine Art Grunzen von mir. Selbst darin werde ich von Klementine noch bestärkt: »Gut so, lassen Sie sich fallen.«

Und so martialisch die Gerätschaften ausgesehen haben mögen – es geschieht nichts, was wehtut. Sodass ich schon mutmaße, es handelt sich hier um eine geschickt inszenierte Scheinbehandlung. Man gaukelt mir irgendwelche »Anwendungen« vor, in Wahrheit aber werden meine Wangen einfach nur ein bisschen durchgeknetet. Nun, ich werde es ja sehen. Denn es naht der Moment, der in den amerikanischen Filmen doch auch immer der entscheidende ist: wenn die Bandagen abgenommen werden und der Held erstmals seine neuen Gesichtszüge im Spiegel erblickt und dies dann nicht selten mit einem grauenvollen Aufschrei und dem verzweifelten Ausruf »Was haben Sie mit mir gemacht?« quittiert. Als ich in den Spiegel schaue, sage ich zunächst einmal gar nichts, weil ich nicht gleich kapiere, was ich da sehe. Als Erstes kommt mir der Begriff »Kindergeburtstag« in den Sinn, denn da, wo früher mal mein Kopf war, ist jetzt eine Art roter Ballon. Als Nächstes ist ein grauenvoller Schrei zu hören, gefolgt von dem verzweifelten Ausruf »Was haben Sie mit mir gemacht?«.

»Keine Bange, das ist ganz normal. Die Haut muss sich erst wieder beruhigen. Sie können gerne kurz hier vorne Platz nehmen. Das wird gleich wieder.«

So ganz scheint Klementine ihren Bekundungen aber selbst nicht zu trauen, denn sie händigt mir zwei mit Stoff umwickelte Kühlkompressen aus, die ich verzweifelt gegen meine Wangen presse. So schnell kann es gehen. Eben noch Pascha, jetzt schon Patient. Einziger Vorteil: Hinter den Kühlkompressen kann ich mein Inkognito wahren, falls das überhaupt noch nötig ist, denn mein Gesicht ist ja ohnedies bis zur Unkenntlichkeit malträtiert. Als dann Marianne auftaucht (ja, sie holt mich auch wieder ab), marschiert sie auch erst einmal an mir vorbei.

»Hier bin ich«, gebe ich mich zu erkennen.

Marianne sieht die Bescherung und reagiert mit den Worten: »Ah ja.«

Ich will Klementine die Kühlkompressen aushändigen. Aber sie wehrt ab. »Nehmen Sie die mal lieber mit. Wenn die Haut noch nicht an den Einsatz reinigender Substanzen gewöhnt ist, dann reagiert die schon mal etwas empfindlich.«

Meine Selbstdiagnose hingegen lautet »anaphylaktischer Schock«. Ich sehe mich in einem Zustand, in dem ich einzig den Rettungshubschrauber als adäquates Transportmittel empfinde, aber Marianne will lieber zu Fuß gehen. Sie wird schon sehen, was sie davon hat. Ich bin überzeugt, dass mir ohne eine Behandlung mit Antihistaminika, Kortison und Adrenalin der Exitus droht. Die Passanten, die uns entgegenkommen, scheinen allesamt dezent beiseitezuschauen, weil sie sich dem Elend nicht aussetzen wollen.

Wenn wir schon keine Notfallmediziner verständigen, will ich zumindest bei meinem Hausarzt vorbeigehen. Da muss ich dann zwar anderthalb Stunden warten, fühle mich aber deutlich wohler als auf der Straße – schon weil ich mit meinen Kompressen zwischen den anderen Leidensgestalten nicht weiter auffalle.

Der Arzt sieht keine Anzeichen für einen Schock, meint aber, dass es sich vielleicht um eine allergische Reaktion handelt, und verschreibt mir irgendeine Paste. Als ich dann schließlich nach Hause komme, hat sich mein Gesicht schon etwas beruhigt. Das Wesen, das ich im Spiegel sehe, hat wieder menschenähnliche Gestalt.

Am Abend läuft dann ein Testspiel der Deutschen Fußball-Nationalmannschaft. Marianne ist begeistert – weil die Jungs so hübsch aussehen. (Die waren wohl bei jemandem, der den Job besser macht als Klementine.) Sie spielen allerdings auch so, als hätten sie zugunsten ausgedehnter Kosmetikbehandlungen auf jedwede Art von Training verzichtet. Am Ende gehen sie mit 1:3 unter. Ganz gepflegt.

Das Stoffwechselprogramm. Du misst, was du isst

Auf einen ganz anderen Ansatz zur Optimierung meines Erscheinungsbildes werde ich aufmerksam, als ich eine Mail von meinem Fitnesstrainer André erhalte (genau, das ist der, bei dem ich das HIT-Work-out gemacht habe).

Er stellt mir ein besonderes Angebot des Studios vor, ein Stoffwechselprogramm, das drei Wochen dauere. Bei dem werde die Haut seidig, straff und verjüngt, und es bringe überflüssige Pfunde so rasant zum Schmelzen, dass man förmlich dabei zusehen könne. Warum das mein Interesse weckt? Nun, es käme wohl niemand auf die Idee zu sagen, ich hätte Übergewicht, aber mein Körper weist doch einige hartnäckige Problemzonen auf: Da sind die Flanken, die man bei mir leider nicht als »straff«, sondern als »teigig« bezeichnen muss. Und so sehr ich meine Bauchregion auch immer wieder absuche – von so etwas wie einem »Sixpack« findet sich bislang keine Spur.

Umso mehr spricht mich der Flyer an, den André seinem Brief beigelegt hat. Da sind Vorher-Nachher-Bilder von Probanden abgedruckt, die das Programm absolviert und sich dadurch binnen weniger Wochen von Durchschnittstypen zu definierten Krachern gewandelt haben.

Diese Erfolge, heißt es, basierten darauf, dass der Körperstoffwechsel in nachhaltiger Weise angeregt werde. (Was das wohl bedeutet? Eine Art »Verdauung für Fortgeschrittene«?) Mit der Quälerei herkömmlicher Diäten habe das nichts zu tun, man fühle sich im Gegenteil so energiegeladen und vital wie nie zuvor. Die perfekte Motivation, den dabei eingeübten gesunden und körperbewussten Lebensstil auch über die Laufzeit des Programms hinaus beizubehalten.

Ich bin herzlich eingeladen, einen Infoabend zu besuchen, bei dem man mir weitere Fragen gerne beantwortet. Da gehe ich mit großer Neugier hin, finde einen Vortragsraum vor, der heillos überfüllt ist und in dem auch schon jemand das Wort ergriffen hat, offenbar der Stoffwechselbeauftragte des Studios – ein junger Mann, der aussieht, als sei er einem Surfer-Magazin entsprungen. Er erzählt soeben, dass er das Programm selbst schon zweimal absolviert habe. (In Wahrheit hat er vermutlich in seinem ganzen Leben niemals auch nur eine einzige Kalorie zu viel verzehrt.)

Unter den Zuhörern sind Frauen eindeutig in der Überzahl. Wegen Gewichtsproblemen scheinen auch sie nicht gekommen zu sein, eher wollen sie sich wohl den letzten Schliff geben. Jedenfalls hängen sie wie gebannt an den Lippen von Mister Stoffwechsel, der nun behauptet, nicht nur diplomierter Sportlehrer, sondern auch ausgebildeter Physiotherapeut und darüber hinaus noch angehender Osteopath zu sein. Langsam fürchte ich um seine körperliche Unversehrtheit, denn so, wie die Weibspersonen ihn anhimmeln, werden sie sich bestimmt gleich auf ihn stürzen. Und jetzt aber mal zur Sache, bitte: Worum geht es denn nun in diesem Stoffwechselprogramm? Was sich an handfesten Informationen herausschält, ist nicht sehr viel. Erstens: Man nimmt irgendwelche Pillen ein. Zweitens: Man absolviert ein Krafttrainingsprogramm, um die Muskulatur zu erhalten. Drittens: Man ernährt sich im Grunde nur noch von Grünzeug und Putenfleisch und das auch nur in eher kleinen Mengen.

»Klingt so, als sei das schon eine gewisse Quälerei«, sage ich in die Runde.

»Man darf nicht unterschätzen, wie viel allein damit erreicht ist, auf die kleinen Ernährungssünden zu verzichten, die jeder von uns begeht«, erhalte ich zur Antwort. »Mal angenommen, bei diesen Sünden handelt es sich um Bier, Chips oder Schokomuffins ...«

Verdammt, woher weiß der Bursche das?

»... würdest du es schaffen, in der nächsten halben Stunde auf Bier, Chips und Schokomuffins zu verzichten?«

»Klar«, sage ich – etwas lauter als unbedingt notwendig, »das ist doch eine Kleinigkeit.«

»Super! Dann müsste es doch auch eine Kleinigkeit sein, diesen Verzicht danach eine weitere halbe Stunde zu üben.«

»Was? Äh, ja. Natürlich.«

»Und wenn du dann noch eine halbe Stunde anhängst, wäre das doch sicher auch kein Problem.«

Jetzt komme ich aber ins Grübeln. Denn eine halbe Stunde, das sind ja doch immerhin 30 Minuten. Oder eben stolze 1800 Sekunden. Wenn ich mir nun vorstelle, dass sich jede einzelne dieser Sekunden zu einer Ewigkeit dehnt, in der ich an nichts anderes denken kann als an ein kühles Bier, eine Schale knuspriger Chips

und einen fettglänzenden Schokomuffin… dass ich diesem Ver-
langen aber auf keinen Fall nachgeben darf – Horror!

Als könnte unser Coach auch diese Gedanken lesen, sagt er:
»Der Witz dabei ist, sich gedanklich nicht auf den Verzicht zu
konzentrieren, sondern auf das, was ihr dadurch erreicht.«

»Kriegt man denn mit dem Programm«, fragt nun eine Teil-
nehmerin, »auch wirklich so definierte Muskelpartien?«

»Ich würde sogar sagen, nur so. Wir betreuen gerade sehr
erfolgreich eine Gruppe männlicher Models, die sich damit für
ein Fotoshooting vorbereiten.«

Und nun geschieht etwas Erstaunliches. Allein durch diese
Stichworte verändert sich die Stimmung. Die Frage einer geziel-
ten Ernährungsumstellung habe ich bislang, wenn überhaupt,
vor allem unter dem Aspekt des »gesunden Lebens« betrachtet.
Das ist natürlich sehr vernünftig und aller Ehren wert, aber
eben kein Gedanke, der mich in Ekstase versetzt. Wenn ich mir
dagegen das Ziel eines gestählten Athletenkörpers vorstelle,
dann steigen Blutdruck und Erregungsniveau – für so ein Ziel
bin ich bereit zu arbeiten.

Es geht nicht nur mir so. Von dieser Vorstellung scheinen
alle Anwesenden gepackt zu sein. Als wäre man gerade dabei,
zu einer abenteuerlichen Reise aufzubrechen.

Ich überlege kurz, ob ich hier wohl unwissentlich der Zu-
sammenkunft einer Sekte beiwohne; sie könnte unter dem Namen
»Ich-find-mich-tollogy« firmieren. Gleichzeitig wächst in mir
aber auch das Gefühl, ich würde richtig was verpassen, wenn
ich bei diesem Trip nicht mitmache. Der Stoffwechselcoach
erkennt offenbar, dass er jetzt noch einen emotionalen Impuls
geben muss, um die grundsätzlich willigen Interessenten auch
zur Kaufentscheidung zu bringen, und ruft: »Ich sehe hier
einen Raum voller Menschen, die sich in drei Wochen über
einen sexy Body freuen können.«

»Ich bin dabei«, rufen nun die Ersten – unter Applaus –
und beginnen damit, die Anmeldeformulare auszufüllen. Mein
Widerstand ist gebrochen: »Ich mache auch mit.«

»Super! Ihr macht den ersten Schritt. Wir begleiten euch auf
eurem Weg und bringen euch ans Ziel.«

»Halleluja«, ergänze ich. Es fällt gar nicht weiter auf.

Mit der Anmeldung erwerbe ich ein Paket an Pillen und Nah-
rungsergänzungsmitteln, den Plan für ein dreiwöchiges Krafttraining sowie einen Katalog mit Ernährungsempfehlungen. So
weit ist der erste Schritt ein Klacks. Jetzt aber – und das stelle ich
mir schwerer vor – muss ich Marianne die Sache noch vermitteln. Am darauffolgenden Tag versuche ich das so unverfänglich
wie möglich ins Gespräch einzuflechten: »Ich mache da übrigens ein Programm, bei dem ich mich in nächster Zeit mal
kalorienreduziert ernähren würde.«

»Wie bitte? Du musst doch nicht abnehmen.«

»Nein, es geht da mehr so ums Entschlacken.«

»Und wie soll das konkret aussehen?«

»Im Grunde ist das so etwas wie Trennkost. Ich esse Gemüse
und ein bisschen Fleisch und verzichte auf Nudeln und so.«

»Aha.«

»Ich würde das Kochen auch mal selbst übernehmen.«

»Na, da bin ich ja mal gespannt.«

Sieh an! Das ging ja leichter als gedacht. Ganz so leicht geht
es dann allerdings nicht weiter. Drei Fronten sind es, an denen
ich in der Folge zu kämpfen habe. Da sind zum einen meine
schlechten Angewohnheiten, die oben genannten Ernährungssünden. Mit denen komme ich noch am besten klar. Wenn ich
jetzt abends ein Entspannungsgetränk zu mir nehme, so ist es ein
alkoholfreies Bier. Auf einen kleinen Snack dazu mag ich ebenfalls
nicht verzichten, aber ich greife eben nicht mehr zu Chips, sondern zu Mohrrüben. (Ja, ich geb's zu: Gelegentlich gönne ich mir

auch ein paar Salzstangen. Abgezählt. Fünfzehn Stück. Ungelogen!)

Die zweite Front, an der ich kämpfe, ist die der Essenszubereitung. Die Familie genießt einen Anblick, der bislang echten Seltenheitswert hatte: Papa steht am Herd und kocht. Allerdings hat das Kochen hier oft den Charakter einer experimentellen Bastelei. Da bei den Ernährungsvorschlägen, an denen ich mich orientiere, alles dem hohen Ziel der Fettvermeidung untergeordnet ist, wird etwa Gemüse nicht in Öl gedünstet, sondern in Alufolie gepackt und in der Backröhre gegart. Die Situation spitzt sich zu, als ich an drei aufeinanderfolgenden Tagen für die Zubereitung der Mittagsmahlzeit zuständig bin, weil Marianne unterwegs ist. Obwohl ich sämtliche Anweisungen meiner Ernährungsbibel schafsblöd und buchstabengetreu befolge, sehen die Gerichte, die in den reich bebilderten Anleitungen ausgesprochen frisch, knackig und appetitlich anmuten, bei mir immer so zusammengematscht aus, als hätte der Bauer sie gerade aus dem Schweinetrog geschaufelt. Und eine Hühnerbrust, an der ich mich abmühe, gerät so staubtrocken, dass es beim Kauen knirscht. Unter normalen Umständen würde ich so etwas nur dann als Mahlzeit bezeichnen, wenn man mir eine Portion Pommes, eine Flasche Ketchup und eine große Cola dazustellt.

Und die Kinder? Die stochern erst recht lustlos in der Gemüsematsche herum. Die Hühnerbrust haben sie direkt beiseitegeschoben. Ich muss seufzen. Wieder ein Federvieh, das einen sinnlosen Tod gestorben ist.

In diesem Moment – meine Stimmung ist auf den Nullpunkt gesunken – bin ich so hungrig, dass ich schon Halluzinationen kriege und mir vorstelle, dass plötzlich ein Mopedfahrer vor dem Haus hält, der Thermobox auf seinem Gepäckträger eine Pizzaschachtel entnimmt, dazu noch eine Flasche hochkalorischer Limonade unter den Arm klemmt und solcherart beladen auf unsere Tür zusteuert ...

»Papa, hast du mal Geld?«

»Wie? Was? Wieso?«

… weil, wie ich dann erkenne, der Mopedfahrer gar keine Halluzination ist. Er ist aus Fleisch und Blut. Und er steht hier, weil die Kinder es nicht mehr ausgehalten und heimlich beim Pizza-Lieferservice angerufen haben. Immerhin: Nachdem es lange Zeit nicht gelingen wollte, sie zu selbständigem Handeln zu erziehen, habe ich dieses Ziel nun offenbar über einen Umweg erreicht. Auch was wert. Nachdem die Jungs ihren Hunger gestillt haben, bleibt außerdem noch ein leckeres Stück Pizza übrig. Das ist in meinem Ernährungsplan natürlich nicht vorgesehen. Schmeckt aber gerade deshalb ganz besonders gut.

Die dritte Front schließlich wird an ganz unerwarteter Seite eröffnet. Ich hatte keinen Anlass gesehen, mit Marianne näher über die Vitalstoffe zu sprechen, die zum Programm gehören. Da sie selbst immer mal wieder »Grünlippmuschelextrakte«, »Omega-3-Pillen« und ähnlich obskures Zeug zu sich nimmt, hatte ich nicht gedacht, dass sie hier Vorbehalte hegen könnte.

Aber sie beginnt – warum auch immer –, misstrauische Fragen zu den Präparaten zu stellen: »Sag mal, was sind das denn eigentlich für Pillen, die du da gekauft hast?«

Im Grunde eine durchaus kluge und bedenkenswerte Frage. Nur kann ich sie leider nicht direkt beantworten. Ich nehme die Dinger zwar anweisungsgemäß ein; worum es sich aber im Einzelnen handelt, weiß ich auch nicht genau. Ich schiele auf die Etiketten und versuche eine Antwort zusammenzustoppeln, die einigermaßen überzeugend klingt. »Na ja, das sind eben so … was haben wir denn da? Genau. Vitamine, Mineralien und, ach ja: Enzyme. Die Vitalstoffe eben, die der Körper während so einer Kur einfach braucht.«

Vollständig überzeugt ist Marianne nicht und betrachtet meine Pillendosen deshalb etwas genauer.

»Von wegen Enzyme«, bricht es dann aus ihr heraus. »Das hier sind Hormone. HCG. Ein Schwangerschaftshormon. Hast du überhaupt irgendeine Ahnung davon, worauf du dich da einlässt?«

Das hat mir gerade noch gefehlt! Dass ein Stoffwechselprogramm Misstrauen, Verdächtigungen und Zweifel in meine Partnerschaft trägt. Außerdem bin ich von der Erkenntnis, dass ich mir ein Schwangerschaftshormon zuführe, in der Tat selbst ein wenig überrumpelt. Zum Glück schlägt Marianne dann gleich einen etwas moderateren Ton an, als sie feststellt: »Immerhin ist das hier nur ein homöopathisches Mittel...«

Ich schaue dann auch einmal vorsichtig an mir herunter und kann a) keine Anzeichen einer Schwangerschaft und – ein Gedanke, den ich fast noch beunruhigender fände – b) auch keine unerwünschte weibliche Rundung in meinem Brustbereich erkennen.

»Und wer genau hat dir das Zeug verkauft? Es soll doch da solche Sekten geben, von denen man auch als Verkäufer eingespannt wird, um seinem Bekanntenkreis die Produkte aufzuschwatzen. Haben die bei dir auch so was versucht?«

»Ach was, nein, nein. Niemand hat die Absicht, mich als Verkäufer anzuwerben.«

Nach eingehender Prüfung hat Marianne gegen die sonstigen Präparate, bei denen es sich tatsächlich um Vitamine und Mineralien handelt, nichts einzuwenden. Die weiteren Verhandlungen können somit in einer konstruktiven Gesprächsatmosphäre stattfinden, und sie haben zum Ergebnis, dass ich das Programm fortsetzen darf – auf die Hormone allerdings verzichte.

Was das Essen angeht, schlage ich im Folgenden auch einen sehr pragmatischen Weg ein. Die Kinder kriegen wieder Bratwürste, panierte Schnitzel und ähnliches Teufelszeug; ich esse im Zweifelsfall Salat, den ich mir auch schon mal als Fertigmischung im Supermarkt hole. Entspricht gewiss nicht der reinen Lehre, funktioniert aber. Ansonsten versuche ich die Sache einfach so geräuschlos wie möglich durchzuziehen, und bin einfach stolz auf jeden Tag, an dem das klappt.

Mit Begeisterung stelle ich dann fest, dass die Waage am Ende der drei Wochen einen durchaus beachtlichen Gewichtsverlust anzeigt. Außerdem habe ich das Gefühl, dass meine Flanken jetzt deutlich straffer aussehen und dass meine Haut seidig glänzt (sagen wir: wenn ich bei günstigen Lichtverhältnissen in den Spiegel schaue).

Marianne sieht das wohl auch so. Sie geht nicht so weit, mir Komplimente zu machen, aber es gibt diesen Moment, in dem sie in einem ganz, ganz harmlosen Tonfall fragt: »Hast du eigentlich noch welche von deinen Vitalstoffen übrig?«

Unterm Strich kann ich feststellen, dass sich doch etliche der Versprechen, die mir im Hinblick auf dieses Programm gemacht wurden, als zutreffend erweisen. Und war nicht auch die Rede davon, dass es zu regelrecht euphorischen Zuständen führen kann? Die stellen sich ebenfalls ein. Ziemlich genau nach Ablauf der 21 Tage. Da empfinde ich nicht nur Euphorie, sondern regelrechte Ekstase, als ich mich endlich einmal wieder über einen Schokomuffin, eine Schale Chips und ein kühles Bier hermachen kann.

Schönheits-OP. Hey, Doc, ich brauch mehr Haar!

Dass ich nicht der einzige Mann auf der Welt bin, der mit diesem Problem zu kämpfen hat, weiß ich wohl; es tröstet mich aber kein bisschen: Immer wenn ich im Badezimmer einen Vollwaschgang absolviert habe, sind da anschließend: Haare, Haare, Haare. Zu meinem Leidwesen aber nicht dort, wo sie hingehören, nämlich oben auf dem Kopf, nein, sie finden sich vielmehr in Badewanne, Duschtasse, Abfluss, zwischen den Zinken des Kammes, im Handtuch, auf dem Fußboden – Opfer eines Massakers. In dessen Folge sich die Frontlinie meiner Kopfbehaarung auf einem ungeordneten Rückzug befindet. Anders gesagt: Ich habe ausgeprägte Geheimratsecken. Okay, wenn der Friseur einen guten Job gemacht hat und ich nach dem Haarewaschen Kamm und Fön (sowie ein ganz klein wenig Haarspray) mit etwas Geschick einsetze, dann sind die Ecken einigermaßen kaschiert. Allerdings um den Preis, dass meine Frisur große Ähnlichkeit mit der eines gewissen Mister Donald Trump aufweist.

Was ich aber befürchten muss und in schwachen Stunden als Schreckensvision vor mir sehe: dass der beschriebene Prozess immer weiter fortschreitet; dass von der früher einmal lockigen Pracht alsbald nur noch einzeln zählbare Resthaare übrig sind und man mir für eine Neuinszenierung der *Herr der Ringe*-Trilogie die Rolle des Gollum anbietet.

Mit dieser Problematik geht eine weitere, bisweilen peinliche Schwäche einher: Ich bin geradezu süchtig nach billigen Zeitschriftenartikeln, in denen prominente Zeitgenossen über ihre Haartransplantationen berichten. Über Mangel an Stoff kann ich da nicht klagen, denn es vergeht kaum ein Tag, an dem nicht wieder eine neue Story dieser Art erscheint. Die Sanierung der Matte ist offenkundig ein Supertrend. Fußballgott Wayne Rooney hat sich dazu bekannt. Trainer Jürgen Klopp kommuniziert es offensiv. Und auch wenn ich gewiss kein Fan der neoliberalen Lautsprecher bin – dass FDP-Chef Christian Lindner mit seiner Pflanzfrisur irgendwie ganz gut rüberkommt, stimmt mich doch ein wenig neidisch.

Was ich außerdem bemerkenswert finde: Die Kerle machen gar keinen Hehl aus ihrer Eitelkeit. Im Gegenteil. Sie sprechen mit so großer Selbstverständlichkeit über die Maßnahme, dass im Grunde jetzt diejenigen als Deppen dastehen, die immer noch oben ohne rumlaufen. Denn wie man sieht, muss das ja nicht sein.

Insgeheim denke ich deswegen schon länger darüber nach, wie es wohl wäre, wenn auch ich mich wieder über dichten Bewuchs auf meinem Hochplateau freuen könnte. Genau: Warum soll ich mich denn nicht zumindest mal erkundigen, was machbar ist – und natürlich: Was es denn eigentlich kostet. (Ich habe dabei die Vorstellung, dass man mit kleinen Schritten anfangen könnte, die womöglich echt preiswert sind und auch den Vorteil haben, dass sie der Umgebung gar nicht auffallen.) So fasse ich mir denn ein Herz und rufe in der Praxis eines Arztes an, der für Eingriffe dieser Art Expertenstatus beansprucht.

Ein Termin für ein unverbindliches Beratungsgespräch ist erfreulich schnell vereinbart, die Klinik in zentraler Innenstadtlage erreiche ich mit dem Fahrrad.

Gleich im Entree fühle ich mich in eine jener besseren Welten versetzt, in denen das Schöne vorherrscht und das Hässliche ausgeblendet wird. Es geht hier sehr licht, hell, stylish und modern zu. Einzig über die allzu süßlichen Pastellfarben könnte man streiten. Abgesehen davon war es offenbar der Ehrgeiz des hier waltenden Chefarztes, ästhetisches Feingefühl auch bei der Auswahl seiner Klinikmitarbeiterinnen unter Beweis zu stellen; die jungen Damen, die sich hinter dem Empfangstresen tummeln, sehen aus, als wären es die Finalistinnen einer *Germany's-Next-Topmodel*-Staffel.

Etwas so Unschönes wie ein »Wartezimmer« gibt es hier selbstredend nicht. Stattdessen werde ich gebeten, in der »Lounge« Platz zu nehmen – einem Raum, in dem großformatige Bildbände weltbekannter Beauty-Fotografen ausliegen. Ich schaue mir zwei oder drei der abgelichteten Mannequins an – und meine Zuversicht schwindet. Wenn das hier die relevanten Bezugsgrößen sind, wird der Experte mir wahrscheinlich sagen: »Sorry, ich bin Mediziner, aber kein Wunderheiler. Orientieren Sie sich bitte nicht an Wayne Rooney oder Jürgen Klopp, sondern an Udo Lindenberg oder Heino.« Wobei Hut und Toupet gewiss den Vorteil hätten, dass es sich um vergleichsweise preiswerte Lösungen handelt.

Nach kurzer Wartezeit werde ich zum Doc gerufen, der mich sehr freundlich begrüßt und nicht lange um den heißen Brei herumredet, sondern sogleich einen Blick auf meinen Kopf wirft.

»Ah ja, ich sehe schon. Wir sehen bei Ihnen die sogenannte ›androgenetische Alopezie‹. Es handelt sich dabei nicht um eine Krankheit, sondern um eine Veranlagung. Man kann sagen, dass die Lebensdauer eines jeden einzelnen Haares genetisch vorherbestimmt ist.«

»Verstehe. Aber wie kann man wissen, dass die transplantierten Haare nicht auch irgendwann ausfallen?«

»Ganz einfach: Weil wir für die Transplantation Haare am Hinterkopf entnehmen. Und für die gibt es das genetische Verfallsdatum nicht.«

Ich bin empört. Nicht über den Doktor, sondern über die Ungerechtigkeit, die da auf meinem eigenen Kopf herrscht. Dieses Süd-Nord-Gefälle, so muss man es ja wohl nennen. Als Hinterkopfverwurzelter hat man quasi die Unsterblichkeit gepachtet; ein paar Zentimeter weiter oben aber schlägt das Schicksal erbarmungslos zu. Ich empfinde eine ganz neue Art von Mitleid für mein Deckhaar: Wie müssen sie sich fühlen – die todgeweihten Bewohner der oberen Schädeldecke? Fallen einige von ihnen vielleicht sogar aus Solidarität mit ihren Brüdern aus? Einfach, um ein Zeichen zu setzen?

Der Doktor beansprucht meine Aufmerksamkeit wieder für sich. Er zeigt mir eine Bilderstrecke, auf der einige seiner Klienten vor und nach der Behandlung zu sehen sind. Die Ergebnisse sind in jedem Fall beachtlich. Wo zuvor noch die (in unterschiedlicher Ausprägung) nackte Platte glänzte, sprießen wieder

Haare. Die solcherart Bepflanzten schauen nicht mehr niederge-
schlagen, sondern deutlich aufgeheitert in die Kamera.

Nun soll ich mich zur anderen Seite drehen. Dort schaue
ich – in einen Spiegel. Offenbar folgt dieses Informationsge-
spräch einer ausgeklügelten Dramaturgie.

»Eigentlich sind wir nicht darauf geeicht, uns über die Haare
eines Menschen, dem wir gegenüberstehen, besondere Gedanken zu machen. Wenn wir aber sehen, dass der andere hier und
hier« – dabei deutet der Doktor auf meine lichten Stellen – »keine Haare mehr hat, dann sagt unser Instinkt: ›Aha, dieser Mensch
ist nicht mehr jung.‹«

So sachlich diese Darstellung auch vorgetragen wird, so
betrüblich ist doch die letztgenannte Konsequenz.

»Was könnten Sie denn in meinem Fall tun?«, frage ich.

»Wir stellen eine natürliche Linie wieder her. Schon Leonardo da Vinci hat in einer Dreiteilung des Gesichts die größtmög-
liche Harmonie der Proportionen erkannt – und die geben wir
Ihnen zurück.«

Was soll ich dazu noch sagen? Wenn es hier um die Wieder-
herstellung von Harmonien geht, die naturgesetzlich vorge-
schrieben sind, und im Hintergrund sogar eine unzweifelhafte
Autorität wie Leonardo da Vinci beifällig nickend sein Plazet
gibt (wobei mir jetzt neu wäre, dass der gute Leo sich mit
Haarverpflanzungen beschäftigt hat), dann würde ich mich
doch mit irgendwelchen Einwänden nur als kleinkarierter Spießer erweisen. Fast möchte ich dem Doktor schon sagen: Legen
Sie los! Aber mir ist ja noch gar nicht genau klar, worauf ich
mich da einzustellen habe, und ich will deshalb erst mal von ihm
wissen, wie eine solche Behandlung denn eigentlich abläuft.

»Sie wären an dem betreffenden Tag für etwa sechs bis sieben Stunden bei uns. Wir entnehmen dem Hinterkopf Haar-
wurzeln und zwar in schmalen Streifen. Die Wurzeln werden

dann für die Verpflanzung präpariert und anschließend direkt im gewünschten Bereich eingesetzt. Für die Zeit unmittelbar nach dem Eingriff sollten Sie eine Woche Urlaub einplanen.«

»Urlaub? Klingt gut. Aber wofür?«

»Es kann am dritten Tag zu einer Schwellung an der Stirn kommen. Die klingt nach zwei weiteren Tagen aber wieder ab.«

Nun gut, denke ich. Ein paar Tage Beule wegen neuer Haare, das ließe sich wohl verkraften. Aber was kostet der Spaß denn nun?

Die Beantwortung dieser Frage gehört offenbar zu Dingen, die so banal sind, dass der Chefarzt sich nicht selbst damit befassen mag.

»Wir erstellen Ihnen gleich ein individuelles Angebot. Die Unterlagen erhalten Sie dann von meinen Mitarbeiterinnen.«

Spricht's und geleitet mich zur Tür. Ich darf noch mal kurz in die Lounge, dort nimmt wenig später eines der medizinisch-technischen Fotomodelle neben mir Platz und blättert eine Mappe für mich auf. In der finden sich einige Erläuterungen zur möglichen Transplantation und ein Kostenvoranschlag. Er beläuft sich auf einen vierstelligen Betrag in mittlerer Höhe. Vermutlich immer noch günstig im Vergleich zu dem, was schwerer Betroffene zu zahlen hätten, aber doch spürbar mehr, als ich mir in meiner Naivität als »Einstieg« vorgestellt hatte. Versehen ist das Angebot noch mit dem Hinweis, dass die Behandlung auch in Form einer Finanzierung zu günstigen Konditionen beglichen werden kann.

Ich sage artig Danke und dass ich mich wieder melden werde.

Draußen greift der Wind nach meinem Haar und lässt – wie ich in der Spiegelung eines Schaufensters sehe – die blanken Stellen sehen. Gibt es hier kein Mützengeschäft?

Und was soll ich jetzt bitte tun? Die Investition erscheint mir eigentlich zu hoch. Andererseits: Wenn ich immer nur auf die Kosten schaue, dann blockiere ich mich doch selbst. Den inneren Schweinehund zu besiegen heißt hier ja vielleicht, dass ich endlich mal meinen Geiz überwinden muss, weil der einem möglicherweise bahnbrechenden Gewinn an Lebensfreude entgegensteht. Da muss ich dann eben auch mal eine Aktion bringen, angesichts der ein unbeteiligter Beobachter den Kopf schütteln würde.

Wieder zu Hause brüte ich über dem Kostenvoranschlag. Wie ich jetzt sehe, ist es sogar ein vorbereiteter »Behandlungsvertrag«. Und langsam nimmt eine einsame Entscheidung Gestalt an: Ich mache das. Zahle per Finanzierung in Raten, die fast gar nicht wehtun. Plane den Eingriff für einen Zeitraum ein, in dem nur Schreibtischarbeit ansteht, also niemand durch eine potenzielle Beule am Schädel erschreckt würde.

Mit diesen Gedanken unterschreibe ich den vorbereiteten Behandlungsvertrag. Schiebe ihn in einen großen Umschlag, klebe eine Marke auf und mache mich direkt auf den Weg zum Briefkasten. Ich will jetzt Fakten schaffen. Ich bin schon dabei, das Kuvert in den Schlitz zu schieben, als mir jemand ein fröhliches »Grüß dich, wie geht's?« zuruft. Aber wer bitte ist das? Sportliche Erscheinung, breites Grinsen, ein Ausbund an selbstbewusster Männlichkeit. Obwohl (oder vielleicht gerade weil?) er … einen vollkommen kahlen Schädel hat. Mir verschlägt's die Sprache. Seit wann und warum hat Holger einen vollkommen kahlen Schädel?

»Na? Hast mich wohl mit meiner Sommerfrisur gar nicht erkannt?«

»Ist in der Tat ungewohnt«, gebe ich zu.

»Hat mich schon lange gereizt, das mal auszuprobieren. Machen im Moment ja viele, aber ich muss sagen, es ist einfach super. Kann ich nur empfehlen.«

»Ah ja?«

Ich habe das Gefühl, dass ich womöglich dabei bin, einen nicht ganz billigen, aber auch gerade noch so vermeidbaren Fehler zu machen – und ziehe daher den Umschlag langsam wieder aus dem offenen Briefkastenschlitz zurück. Wenn »kahler Schädel« der aktuell angesagte Trend ist – und ich mich für teures Geld einer Transplantation unterziehe, na, also dann würde ich mir doch wirklich … die Haare raufen!

Zwischenbilanz

1. Der Facebook-Check

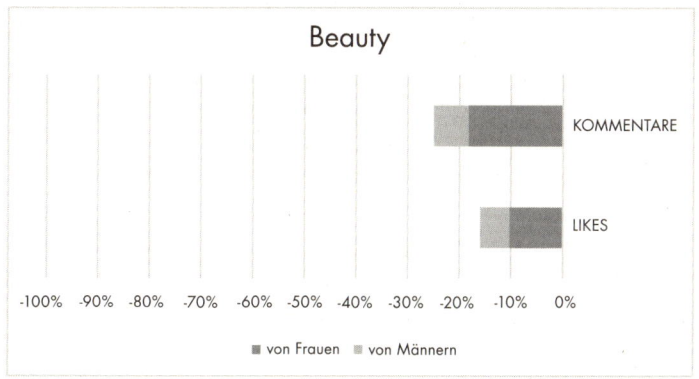

Entweder mein virtueller Freundeskreis besteht aus Menschen, die auf Äußerlichkeiten keinen so großen Wert legen, oder sie finden meine Performance in dieser Hinsicht so bescheiden, dass sie aus Höflichkeit darüber hinwegsehen. Reaktionen von Frauen überwiegen; insgesamt fällt das Feedback aber ziemlich schwach aus. Vielleicht sollte ich einfach mehr Aufsehen erregen und Bilder posten, die mich mit hervorstehenden Rippen, gepixeltem Brustbereich oder als neugeborenen Schimpansen zeigen. Dazu habe ich mich bislang aber noch nicht entschließen können.

2. Fühle ich mich besser?
Mal mehr, mal weniger. Einerseits verspüre ich weiterhin einen nicht geringen Druck, Veränderungen vorzunehmen, andererseits

bin ich unsicher, welche das genau sein sollen. Immerhin: Dass die Zähne strahlen und der Körper gestrafft ist, sind konkrete Ergebnisse, die Bestand haben, über die ich mich freue und für die ich gerne Komplimente entgegennehme. Aber mich zum Start in den Tag ganz selbstverständlich mit einer Palette von Cremes, Lotionen und Tinkturen aufzuhübschen, wie das heute den sogenannten »Metrosexuellen« zugeschrieben wird, überlasse ich am Ende lieber den Männergenerationen, die nach mir geboren sind. Abgesehen davon stehe ich auch so jeden Morgen eine halbe Stunde vor dem Spiegel. Um mich zweifelsfrei zu identifizieren.

3. Was sagt Marianne?

Ihre wahre Haltung zu diesen Dingen habe ich noch nicht ergründen können. Als Frau verfügt sie in Beautyfragen über ein gewisses Maß an Expertenwissen; aber, wie gesehen, lässt sich das nicht eins zu eins auf das Objekt Mann übertragen. Das muss für sie eine klare Enttäuschung gewesen sein. Ich habe auch nicht den Eindruck, dass sie weitere Verschönerungen von mir erwartet. Möglicherweise steckt sie da ebenfalls in einem Dilemma: Damit mein Anblick ihr Freude macht, soll ich natürlich gut aussehen. Es wäre ihr aber gewiss gar nicht recht, wenn ich als »schönster Pfau im Viertel« daherkomme und dadurch auch andere Frauen auf die Idee bringe, ich könnte ihnen Freude machen. Wissen Sie, was ich daher vermute? Dass Marianne sich insgeheim sagt: Okay, er ist hässlich, aber dafür habe ich ihn sicher.

4. Die Kosten

Wer schön sein will, muss blechen. Ist man hier nicht zu klaren Prioritätensetzungen in der Lage, kann das bis zu existenzgefährdenden Investitionen in Schönheits-OPs gehen. Aber es geht auch günstiger. Testberichten zufolge sollen z. B. die Kosmetikprodukte der Discounter den noblen Markenartikeln qualitativ durchaus ebenbürtig sein. Weiterhin lassen sich Kosten einsparen, wenn man eine preiswerte Gurkenmaske auflegt oder das durchblutungsfördernde Zupfen und Massieren von Problemzonen selbst vornimmt.

5. Das maximale »Lass die Sau raus!«-Glückserlebnis

Als klar geworden ist, dass die Sache mit dem Stoffwechselprogramm funktioniert, die Haut sich unter dem Diktat von Salaten, Pillen und dem Stemmen von Gewichten tatsächlich strafft, da hat das ein echtes Hochgefühl ausgelöst, vor allem, weil ich hier durch eigenes Handeln etwas erreiche. Was dabei, liebe Klementine, auch nicht vergessen werden soll: Bevor sie im Schrecken endete, hatte ich an der »Gentleman-Relax-Behandlung« wirklich großen Spaß!

IV
STYLE

Schnörkel für die Ewigkeit. Wer unterschreibt, der bleibt

Der Trend zur umfassenden Selbstoptimierung treibt bisweilen auch seltsame Blüten. Das jedenfalls geht mir durch den Kopf, als ich davon höre, dass man sich darin coachen lassen kann, seine Unterschrift zu verbessern. Dem Vernehmen nach ist das vor allem für Wirtschaftsvertreter interessant; für Leute also, die öfter Verträge unterzeichnen und dabei womöglich von ihren Mitstreitern oder der Gegenpartei abschätzig taxiert werden, nach dem Motto: Wer hat den längsten ... Namenszug?

Je länger ich mich jedoch mit der Sache beschäftige, desto plausibler erscheint sie mir. Denn es ist doch so: Der Eindruck, den ich bei einer menschlichen Begegnung mache, ist vergänglich. Ich mag als Person noch so überzeugend, raumgreifend und charismatisch gewesen sein – irgendwann gerät das in Vergessenheit. Meine Unterschrift aber wird man sich nach zig Jahren noch anschauen können. Was, wenn ich da nur einen unlesbaren und kümmerlichen Schnörkel aufs Blatt geschludert habe?

Nun bin ich beileibe kein Wirtschaftskapitän, aber meine Unterschrift hinterlasse ich doch bei unzähligen Gelegenheiten. Ich gebe Autogramme, signiere Bücher und DVDs, unterschreibe Verträge und Kassenbons, mache Einträge in Gästebüchern. Und wer weiß, was noch kommt? Vielleicht werde ich mich auch einmal in einem »Goldenen Buch der Stadt« verewigen –

es wäre nicht schön, wenn spätere Generationen sich darüberbeugen und keine Sau die Klaue lesen kann.

Unter diesem Aspekt betrachte ich meine Signatur dann doch mit ganz anderen Augen. Als Erstes fällt mir auf: Wirklich entziffern lässt sie sich nicht. Auch wenn ich an noch so bedeutenden Geschehnissen der Weltgeschichte beteiligt wäre – sagen wir, der Unterzeichnung eines Friedensabkommens zwischen Russland und der Ukraine –, die Nachwelt muss denken, Hein Blöd hätte mit Putin am Tisch gesessen.

Zum Zweiten ist es so, dass die Anfangsbuchstaben meines Namens zwar mit viel Verve daherkommen, der Schriftzug sich dann jedoch recht schnell im Ungefähren verliert. Was, wenn man den mal einem grafologischen Gutachten unterzieht? Da würden sich noch dem trotteligsten Küchenpsychologen wenig schmeichelhafte Deutungen aufdrängen, wie etwa: »Der Kandidat weckt mit seinem Auftreten zunächst hohe Erwartungen, vermag sie im Weiteren aber kaum einzulösen.«

Als ich dann noch in einer Dokumentation die Unterschrift eines wahrhaftigen Repräsentanten unseres Staates sehe, bin ich richtig beschämt: Der Name des Mannes klingt zwar bürgerlich und bieder, die Buchstaben des Namenszuges aber stehen da wie ein preußisches Garderegiment. Jeder einzelne in tadelloser Haltung, aufrecht, stolz und selbstbewusst – ein Respekt einflößendes Bild.

Das ist der Moment, in dem ich beschließe, dass es bei meiner Krakelei nicht bleiben darf – und nicht bleiben wird! Nun kostet ein individuelles Unterschriftencoaching schnell Tausende Euro, in diesem Fall aber erweisen sich die Anleitungen im Netz als ausgesprochen hilfreich. Und ich merke schon nach den ersten Klicks, dass ich auf eine weltumspannende Gemeinde von Menschen gestoßen bin, die sich mit ganzer Leidenschaft der schönen Schrift widmen, die ihre Techniken, Tricks und Kniffe gerne an mich weitergeben – und mir dabei unversehens noch eine ganz andere Art der Weltwahrnehmung vermitteln: Wer auf diesem Planeten wahrhaft nach Entschleunigung sucht, der findet sie bei den Schönschreibern und Kalligrafen. In einer Zeitspanne, in der die Nutzer digitaler Kommunikationsmittel schon Tausende von Zeichen ins Notebook gehämmert, Memos, Briefings, ganze Konzernstrategien in die Welt hinausgemailt, getwittert und gewhatsappt haben – da hat der Kalligraf noch nicht mal die richtige Feder ausgesucht.

Stunden verwendet er dann darauf, nichts anderes als den angemessenen Schwung eines »Striches nach links unten« zu proben. Der richtigen Ausführung jedes einzelnen Buchstabens ist ein abendfüllender Film gewidmet; vielmehr zwei abendfüllende Filme, einer für den Groß-, der zweite für den Kleinbuchstaben.

Und was ich vorher nie für möglich gehalten hätte: Ich bin von dieser Art Handwerk richtiggehend fasziniert. Ich will das auch können, will auch so beeindruckend schreiben, mache mich an die Arbeit, und das sieht dann wirklich genauso aus wie früher in der Schule: Man sitzt wie ein Erstklässler über den Tisch gebeugt, schreibt auf liniertem Papier wieder und wieder dieselben Buchstaben. Aufstrich, Bogen, Abstrich.

Dann wird der Namenszug in einzelne Abschnitte unterteilt, die in Endlosschleifen zu üben sind. An dieser Stelle möchte ich allen Beteiligten – inklusive dem lieben Gott – dafür danken, dass mein Name nicht Maximilian Ottovordemgentschenfelde lautet – die Perfektionierung eines solchen Namenslindwurms würde mich vermutlich in den Wahnsinn treiben.

Wann immer etwas schriftlich niederzulegen ist, tue ich es nun auf die neu erworbene Weise. Und es ist völlig klar: So zu schreiben braucht Zeit. Sehr viel Zeit. Einmal bin ich dabei, einen Einkaufszettel zu verfassen, und merke gar nicht, wie darüber die Nacht heranbricht. Ich nehme meine Umgebung erst wieder wahr, als jemand an die Tür hämmert. Nachbarn sind es, die unsere Kinder zurückbringen. Angeblich hätten diese bei ihnen um etwas zu essen gebettelt. (Und auch was zu essen bekommen. Gott sei Dank, denn die Läden haben inzwischen zu. Peinliche Situation, aber den Einkaufszettel habe ich aufbewahrt. Der ist nämlich richtig schön geworden. Unter Verwendung reich verzierter Versalien stehen darauf die Worte »Gurken« und »Öl«; weiter war ich in viereinhalb Stunden nicht gekommen.)

Dann passiert es mir, dass ich nach einer Vorstellung im Theater eingeschlossen werde – die Betreiber des Hauses haben sich, im Glauben, ich sei längst gegangen, auf den Heimweg gemacht. Was mich nicht weiter stört. Ich bin in der Garderobe noch dabei, einen fein ziselierten Eintrag ins Gästebuch zu verfassen. Endlich kann ich mal in Ruhe arbeiten! Womöglich würde ich dort heute noch sitzen, hätte mich in den frühen Morgenstunden des nächsten Tages nicht der hysterische Schrei der Putzfrau aufgeschreckt, die meinte, sie habe es mit einem Einbrecher oder Schlimmerem zu tun.

Seither bin ich dazu übergegangen, die Gästebücher mit nach Hause zu nehmen. Immer gebe ich dabei das feste Versprechen, sie in den kommenden Tagen zurückzusenden, aber was soll ich sagen? Ich komme mit der Arbeit nicht mehr nach. Es stapeln sich inzwischen zwei Dutzend dieser Folianten auf meinem Schreibtisch. Mit der Fertigstellung meiner Einträge ist vor Ablauf eines Jahres nicht zu rechnen. Denn ich bin kompromisslos. Wann immer ich zu Schreibgerät und Papier greife, beherzige ich die ehernen Regeln der Schreiberzunft:

1. Besorge dir das richtige Handwerkszeug!
Natürlich holt niemand ein Kalligrafie-Set aus dem Auto, wenn er an die Kasse geht, um einen Tankbeleg zu unterschreiben. Aber bei vielen Gelegenheiten macht die Verwendung eines

Füllers einen echten Unterschied. Die Welt kann erkennen: Da hat jemand Stil!

2. Konzentriere dich auf das, was du tust!
Klingt banal, wird aber unterschätzt. Als Gerätenutzer ist man gewohnt, das gewünschte Ergebnis auf Knopfdruck zu bekommen. Beim Stift ist es anders, im Grunde nämlich genau wie bei einem Musikinstrument. Wer so ein Ding in der Hand hält, kann damit schöne oder schräge Töne fabrizieren. Also, Ruhe bitte – ich habe zu schreiben!

3. Wörter und Namen bestehen aus einzelnen Buchstaben.
Eigentlich auch keine Überraschung, aber soll ein Name lesbar sein, dann müssen es eben auch die einzelnen Buchstaben sein. Und wenn das »s« immer noch aussieht wie ein abgebrochener Fingernagel? Genau! Dann üben wir das bis morgen bitte noch zweihundert Mal.

4. Schreiben ist Rhythmus.
Der Namenszug ist ein Kunstwerk, eine Komposition. Man hört beim Schreiben ja auch den Sound der Feder auf dem Papier. Anfangs hilft mir diese Einsicht dabei, das Schriftbild einfach dadurch zu verbessern, dass ich im Takt bleibe und damit langsamer zu Werke gehe. (Ob Sie es glauben oder nicht: Es steht sogar ein Metronom auf meinem Schreibtisch.) Später dürfen dann auch wieder Schwung und ein gewisser Groove dazukommen. Für die Endsilben (die bislang als kümmerlicher Wurmfortsatz daherkamen) stelle ich mir nun eine festliche Schlussfanfare vor, und siehe da: Meine Unterschrift wandelt und entwickelt sich. Von *Hänschen klein* über *Born to be wild* bis hin zum *Kaiserwalzer*.

5. Schreibe mit Nachdruck!

Am Ende des letzten Buchstabens soll die Feder noch einmal besonders fest aufgedrückt werden. Das Schriftbild bekommt mehr Präzision, und es wird eine Art Schlusspunkt gesetzt.

Mit meiner solcherart optimierten Unterschrift kann ich dann tatsächlich bemerkenswerte Erfolge einheimsen. Im Anschluss an meine Vorstellungen inszeniere ich dafür eine kleine Autogramm-Performance und weise darauf hin, dass ich jede einzelne Karte, jedes Buch, jede DVD persönlich signiere. Gerade die Tatsache, dass dies eine gewisse Zeit in Anspruch nimmt, lässt Interesse und Neugier des Publikums steigen. Hier wird offenbar etwas Besonderes geboten, und da sollte man zugreifen. Ich werde teils überschwänglich dafür gelobt. Angefangen von »Das ist aber eine schöne Schrift!« bis hin zu »Das ist ja ein richtiges Kunstwerk!«. Abschließend signiere ich dann noch ein Plakat, das ich mit entsprechender Geste verschenke – der Applaus der Menge ist mir sicher.

Was nicht verschwiegen werden soll: Man geht ein nicht zu unterschätzendes Risiko ein, wenn man bereitwillig Autogramme an die Menschheit verteilt. Es könnte jemand auf die Idee kommen, meine Unterschrift zu fälschen, und mir auf diese Weise Schaden zufügen. Aber ich bin ja nicht blöd. Auf Zahlungsbelegen und anderen Formularen – so mein Plan – will ich einfach so unterschreiben wie früher. Mein Problem: Ich krieg es nicht mehr hin. Selbst wenn ich will, es geht nicht mehr. Mir hat man jetzt schon dreimal eine neue Kreditkarte zugesandt, weil, wie es heißt, »Unterschriften auf Zahlungsbelegen nicht mit der von Ihnen hinterlegten Version übereinstimmen« und man daher vermuten musste, ein Gauner habe die Karte in seinem Besitz.

Was das für mich heißt? Nun, ich bin wieder mal auf der

Suche – bislang leider vergeblich – nach einem Workshop zum Thema: »Wie kriege ich meine schludrige Unterschrift zurück?«

Imageberatung. Du bist vielleicht 'ne Marke!

Okay, es gelingt mir nun zwar, mit meiner Unterschrift zu dokumentieren, dass ich ein Mann von Charakter und Persönlichkeit bin; was mir aber als Manko erscheint, ist die Tatsache, dass mir ein klares Image, ein Profil, vielleicht ja auch nur so etwas wie ein ganz banales Erkennungsmerkmal fehlt.

Bei einem Essen mit meinem Manager und Agenten Andreas stelle ich daher die Frage: »Was genau macht eigentlich ein Imageberater?«

»Ein Imageberater würde wissen wollen, was der Kern deiner Persönlichkeit ist. Deine Botschaft. Womit du in Erinnerung bleibst.«

»Das sind ziemlich genau die Fragen, von denen ich eigentlich hoffen würde, dass er sie mir beantwortet.«

»Die kannst du aber erst mal nur selber beantworten. Denn die betreffen ja deinen Content.«

»Meinen was?«

»Das, was du inhaltlich zu sagen hast. Worum es dir geht.«

»Nun ja, so etwas wie mein Lebensthema ist doch die Frage nach der männlichen Identität.«

»Genauer!«

»Die Frage nach der männlichen Identität im Spannungsfeld von emanzipatorischer Frauenbewegung, komplexer Arbeitswelt und digitalisiertem Alltag.«

»Ich kriege eine Gänsehaut.«

»Wieso?«

»War nur ein Spaß. Wenn du was von Spannungsfeld laberst, klingt das, als wärst du beim Kolloquium für Examenskandidaten.«

»Verstehe.«

»Eine interessante Frage wäre jetzt zum Beispiel, wie du auch dem letzten Deppen zeigen kannst, dass du im Spannungsfeld von Emanzipation und all dem anderen Zeugs doch noch ein kerniger Mann bist.«

Eine interessante Frage. In der Tat. Als ich wenig später auf dem Rückweg bin und an einem Geschäft vorbeiradle, das sich »Barber Shop« nennt, kommt mir die Idee: Warum denn eigentlich kein Bart? Das wäre mehr als simpel und vielleicht gerade deswegen wirkungsvoll. Wenn es ein körperliches Merkmal gibt, mit dem man (in der Öffentlichkeit) seine Männlichkeit zeigen und betonen kann, dann ist das der Bart. Und in einer Zeit, in der daran gearbeitet wird, Geschlechterverschiedenheiten unter den Teppich zu gendern, ist das ein Statement. Da beziehe ich eine ganz klare Position. Im Hinblick auf die aktuelle Bartmode kommt noch ein nicht unwesentlicher Punkt hinzu: Sie gefällt mir. Gerade den Verweis auf die Vergangenheit, als es noch klarere Vorstellungen von Männlichkeit gab, finde ich reizvoll. Nun sind Hipster-Bärte ein Trend, aber sowohl in der Nachbarschaft wie auch in meinem beruflichen Umfeld sind sie bisher nur wenig verbreitet. Hier hätte ich mit einem solchen Anhängsel also die Nase vorn. Davon abgesehen: Vielleicht kann man ja auch eine spezielle Variante dieser Barttracht kultivieren. Ich hätte nicht einfach einen Bart, sondern er wäre – um nur mal ein Beispiel zu nennen – grün. (Wenn es Leute gibt, denen es gelingt, sich mit einem roten Irokesenschnitt ins Bewusstsein der Öffentlichkeit zu brennen, dann sollte das mit einer gefärbten Kinnbehaarung doch auch funktionieren.) Ich würde bekannt als »der mit dem grünen Bart«. Ja, ich könnte damit sogar zur Spitze einer »Grünbart-Bewegung« werden, genau der Männerbewegung, die es eigentlich seit Jahrzehnten schon geben müsste, von der hier und da schon gemunkelt und schwadroniert wurde, die sich dann aber doch nie so richtig gefunden hat. Nun aber bin ich derjenige, der dazu auserkoren ist, als Messias der Männlichkeit das vielfach gescholtene Geschlecht wieder zu neuem Selbstbewusstsein und neuer Stärke zu führen. Na also, wenn das kein *mission statement* ist!

Ich rufe Andreas an und erzähle ihm von der Idee. Der meint: »Probier es einfach aus!«

»Und wenn's nicht klappt...«

»... nimmst du den Bart wieder ab, und wir behaupten ganz frech, du hättest ihn nur für einen Gastauftritt gebraucht, bei dem du einen Taliban spielst.«

Das Schöne ist: So ein Bart entsteht von selbst. Ich muss nichts dazu tun. Es dauert allerdings nicht lange, bis Marianne erstmals stutzig wird und fragt: »Sag mal, lässt du dir da etwa einen Bart stehen?«

»Äh ... sagen wir so, ich würde das einfach ganz gerne mal ausprobieren.«

»Mein Lieber, das kratzt aber ganz schön.«

»Das tut mir natürlich leid«, sage ich. »Aber lass uns noch ein paar Tage abwarten – ich habe gelesen, dass er irgendwann nicht mehr kratzt.«

»Habe ich auch gelesen«, erwidert Marianne trocken. »Dass er nicht mehr kratzt, weil niemand mehr da ist, den er kratzen könnte.«

Felix hingegen, bei dem sich mit seinen knapp 13 Jahren noch nicht der geringste Flaum zeigt, ist neugierig, ja, beeindruckt und will ein ums andere Mal wissen, wie so ein Bart sich anfühlt, wenn man ihn krault, daran zieht oder sich daran reibt. Ein Interesse, dass ich als echte Bestätigung empfinde, diesen Weg weiterzugehen. Wobei der optische Zugewinn zunächst sehr bescheiden ausfällt. Ich ähnele doch stark dem englischen Serienhelden Catweazle.

Zu kämpfen habe ich auch mit einem weiteren Problem: Der Bart juckt. So sehr, dass ich bald schon fest davon überzeugt bin, es habe sich dort ein Kleintierzoo angesiedelt.

»Hör mal, wenn der Bart so juckt, dann rasiere ihn doch vielleicht lieber ab«, rät Marianne mir.

Aber das kommt nicht infrage. Abgesehen davon, dass die Haut unter meinem Bart bestimmt ohnehin schon so entzündet und mit Schwären bedeckt ist, dass man mich als Aussätzigen vor die Tore der Stadt verfrachtet, habe ich ja eine Mission. Und was wäre das denn für eine Männerbewegung, die sich schon von einem juckenden Bart stoppen lässt?

Um dennoch sicherzugehen, unterziehe ich den Bart einer Anti-Läuse-Behandlung. Wir haben entsprechende Präparate im Badezimmer, weil es an den Schulen so alle ein bis zwei Jahre Läusealarm gibt; in der Anwendung bin ich daher auch schon sehr routiniert. Das Jucken wird dadurch nicht wirklich besser, beruhigt bin ich aber trotzdem. Es tut gut, einfach nur irgendetwas zu unternehmen.

Angenehmer Nebeneffekt: Durch die intensive Behandlung mit dem Läusekamm wirkt der Bart jetzt irgendwie strukturierter.

(Hatte ich erwähnt, dass Marianne sich gar nicht mehr übers Kratzen beschwert? Was aber vielleicht auch daran liegt, dass es kaum noch kratzrelevante Begegnungen gibt, seit sie immer häufiger im Wohnzimmer auf der Couch schläft.)

Ich poste jetzt ein Bild, das mich mit einem nun schon ganz ansehnlichen Bart und Sonnenbrille zeigt. Dafür erhalte ich Likes von einem ZZ-Top-Fanclub, dem Chapter eines Motorradclubs »Highway Monsters« im Oberbergischen und einem gewissen Halil M., der ebenfalls Bart und Sonnenbrille trägt, dazu noch eine weiße Gebetsmütze, wie sie im arabischen Raum verbreitet ist, und der sich – da schaue ich dann doch mal nach – auf seiner Seite als »Prediger des einzigen Weges« bezeichnet. Hm.

Nicht verschweigen will ich, dass es auf der anderen Seite eine ganze Reihe von Personen gibt, die nach dem Bart-Posting »nicht mehr mein Freund sein« wollen. Aber ich denke, okay. So ist das eben. Wer so etwas wie eine verschworene Fangemeinschaft aufbauen will, muss damit leben können, dass er sich auch Feinde macht.

Wobei ich mehr und mehr den Eindruck habe, dass es in unserer wie erwähnt hipster-fernen Umgebung wohl Menschen gibt, die im Bart vor allem eine Art Vermummung, Teilverschleierung oder gar ein religiös-ideologisches Bekenntnis sehen. Mehrfach kommt es vor, dass ich Bekannten beim Einkaufen über den Weg laufe, sie mit einem freundlichen »Hallo« begrüße; anstatt jedoch meinen Gruß ebenso freundlich zu erwidern, erschrecken sie, wenden sich ab oder gehen beschleunigten Schrittes weiter.

Als ich dann unweit unseres Hauses einen am Straßenrand stehenden Streifenwagen sehe, glaube ich beim ersten Mal noch an einen Zufall. Doch taucht der im Weiteren so häufig auf, mal an dieser, mal an jener Straßenecke stehend, dass ich irgendwann überzeugt bin, jemand muss die Behörden verständigt haben, weil er bei mir eine »auffällige Verhaltensänderung« beobachtet haben will, die womöglich Hinweis auf eine extremistische Gesinnung sein könnte. Wenn die Polizeipräsenz den Sinn haben soll, mich einzuschüchtern, so kann ich sagen: Ja, das funktioniert!

Ich rufe Andreas an und schildere ihm die Lage.

»Aber das ist doch prima! Das zeigt, dass du wahrgenommen wirst. Jetzt hast du die Leute aufmerksam gemacht, kannst den nächsten Schritt tun und färbst den Bart grün. Ich organisier schon mal einen Fotografen und ein paar Interview-Termine.«

Das Färben — ich habe mich da kundig gemacht — ist eine durchaus komplexe Angelegenheit. Damit nämlich die Farbpartikel Halt im Haar finden, muss dieses zunächst gebleicht werden. Wasserstoffperoxid sei hier das Mittel der Wahl. Eine solche Behandlung ist so strapaziös, dass man dem geschundenen Barthaar dann wieder Nährstoffe zuführen müsse, am besten dafür eigne sich – ungelogen: Mayonnaise. Dann schließlich könne mit dem Farbauftrag begonnen werden. Also los! Bei der Behandlung mit Wasserstoffperoxid meine ich ein beunruhigendes Schmurgeln und Zischen in der Kinnbehaarung wahrzunehmen. Immerhin. Sollten sich in dem Gestrüpp noch irgendwelche Kleintiere verborgen haben, dann hat es die jetzt mit Sicherheit dahingerafft. Die Behandlung ist auch sonst erfolgreich: Der Bart ist jetzt nicht nur bleich, sondern sehr bleich. Was drumherum auch für Teile meiner Gesichtshaut gilt. Im nächsten Schritt greife ich zur Mayonnaise. Wie lange die einwirken soll? Weiß ich gar nicht genau. Aber nach drei Stunden empfinde ich den Geruch als so unerträglich, dass ich das Zeug wieder auswasche. Jedenfalls so weit das möglich ist. Es bleibt ein permanent in meine Nase aufsteigender Mayonnaise-Dunst übrig, der mir das Gefühl gibt, ich hätte mich in eine Frittenbude verwandelt.

(Hatte ich erwähnt, dass Marianne beschlossen hat, für ein paar Tage zu ihrer Mutter zu fahren?)

Dann, endlich, trage ich die Farbe auf. Was ich mir allerdings als kräftiges Moosgrün vorgestellt hatte (so sieht es auf dem Bild auf der Packung auch aus), ist im wahren Leben ein ins Eitrig-Gelbe spielender Farbton. Ich möchte das Haus jetzt eigentlich nicht mehr verlassen. Leider muss ich das aber. Ich muss sogar mit dem Zug Richtung Süden fahren. Als ich am Bahnhof bin, nähert sich mir eine Gestalt, bei der es sich wohl um einen Langzeitüberlebenden der Punk-Bewegung handelt. Seine Lederjacke ist mit Lackstiften bekritzelt, er trägt Nietenarmbänder an allen Gelenken und eine Bierflasche in der Hand. Irgendetwas an mir scheint ihm die Gewissheit zu geben, dass er es bei mir mit einem möglichen Freund fürs Leben zu tun hat. Er kommt schwankenden Schrittes auf mich zu, will mir tatsächlich den Arm um meine Schulter legen und von mir wissen: »Ey, Alter. Wie ist denn im Moment die Lage auf dem Sozialamt?«

Auch wenn ich es riskiere, zu meinem Gastspiel zu spät zu kommen: Ich renne zum Taxistand, lasse mich nach Hause fahren und rasiere den Bart ab. Es geht noch mal gut. Mit dem Zug, der eine Stunde später fährt, schaffe ich es gerade so. Am selben Abend noch poste ich ein Bild, das mich wieder glatt rasiert zeigt. Behaupte frech, ich hätte den Bart nur für einen Gastauftritt in einem Fernsehfilm gebraucht. Die überwiegende Zahl der Freunde auf Facebook äußert sich erleichtert. Marianne ist bereit, über ihre Rückkehr nach Hause zu verhandeln.

Vom Gebrauch der Stimme. Dicke Fichten nicken tüchtig

Es hätte mir natürlich von Anfang klar sein können, dass ich mit einem Erkennungsmerkmal wie dem Grünbart komplett auf dem Holzweg bin. Passt doch gar nicht zu mir und – mal ehrlich – ich habe es doch auch gar nicht nötig, zu solch billigen Tricks zu greifen! Als alter Hase im Showbusiness weiß ich es doch besser: Wenn ich zu einer eindrucksvolleren Performance kommen will, sei das nun auf der Bühne oder im Privaten, dann gelingt mir das am besten, wenn ich meine kommunikativen Basics bewusst einsetze, zum Beispiel meine Stimme. Wer sich in dieser Hinsicht optimieren will, findet auch dazu im Netz zahlreiche Tutorials, in denen das Handwerkszeug kostenfrei vermittelt wird. Vorteil: Man kann unter Hunderten verschiedener Übungen auswählen und zu jeder Tages- und Nachtzeit darauf zugreifen. Der Nachteil ist freilich, dass kein Übungsleiter ein Feedback geben kann, ob man die Anleitungen auch richtig umsetzt. Als ich ein mehrtägiges Gastspiel in einem Theater bestreite, habe ich allerdings die Gelegenheit, mich von einem richtigen Stimmbildungstrainer unterweisen zu lassen. Für mich sehr praktisch: Job und Training unter einem Dach, ich bin nicht länger von zu Hause weg als ohnehin schon – Marianne hat keinen Grund zu meckern.

Ich finde dann einen sehr überschaubaren Kreis an Workshopteilnehmern vor – neben mir gibt es noch drei weitere Stimmschüler. Angeleitet werden wir von Jimmy, einem Mann, der mit leicht amerikanischem Akzent spricht, das Handwerk als Schauspieler gelernt hat und von mir als Erstes wissen will: »Kennst du deinen Ton?«

»Entschuldigung?«

»Deinen natürlichen Ton, mit dem du sprichst?«

»Ja. Also vielmehr nein. Ich meine: Ist es der hier?« Ich probiere es mit einem lang gestreckten »Aaaah«, etwa so, wie man's macht, wenn der Arzt den Hals begutachten will.

»Okay … Du denkst vielleicht, das sei dein Ton, aber wir finden heraus, ob er das wirklich ist. Du legst eine Hand auf deine Brust und beginnst zu summen – Mmmmhhh – ja, genau. Und nun variierst du die Tonhöhe und achtest darauf, bei welchem Ton deine Brust am meisten vibriert.«

Ich summe und brumme eine Weile vor mich hin. Als Kind hatte ich einen Teddybären, der Geräusche von sich gab, wenn man ihn schüttelte. So in etwa klinge ich jetzt, und vibrieren tut erst einmal gar nichts.

»Okay«, sagt Jimmy. »Da müssen wir etwas genauer schauen.«

Tja. Da hatte ich mir im Stillen eingebildet, ich könnte hier als Klassenprimus auftrumpfen, dem man eigentlich gar nichts mehr beibringen muss; tatsächlich habe ich das Gefühl, so etwas wie ein schwerer Fall zu sein. Einer, bei dem man zu besonderen Maßnahmen greifen muss. Jimmy holt nämlich einen großen Kunststoffball, den ich zwischen die Wand und meinen Rücken klemmen soll. Auf diese Weise gepolstert, bekomme ich die Anweisung, weiterzusummen und dabei leichte vor- und rückwärts wippende Bewegungen zu machen. Und wirklich: Mein Summen bekommt dadurch eine andere Intensität, schwillt an, wird voluminöser.

»Super!« Jimmy freut sich. »Genau so. Merkst du den Unterschied?«

»Absolut«, brumme ich.

»Die meisten von uns«, erklärt Jimmy, »sprechen viel zu hoch. Das liegt oft daran, dass unser Stimmapparat angespannt und verkrampft ist. Aber es gibt noch einen anderen, ziemlich blöden Grund, warum wir so sprechen. Mit einer höheren Stimme wollen wir dem Gegenüber signalisieren: Ich bin klein, ich bin harmlos, du hast von mir nichts zu befürchten. Es ist eine Demutsstimme.«

Oha! Kaum eine Viertelstunde hier, bekommt der Stimmworkshop bereits Dimensionen, die ich definitiv nicht erwartet hatte.

Um uns der tiefen Stimmlage zu vergewissern und außerdem den Sprechapparat zu lockern, sollen wir im Weiteren in schnellem Rhythmus die Fersen anheben, uns dann wieder zu Boden fallen lassen und dabei Laute ausstoßen, die, so Jimmy, »von ganz unten« kommen. Er macht es uns vor – und ich erschrecke. Wollte man die Laute, die Jimmy da ausstößt, verschriftlichen, dann vielleicht am ehesten mit »höyhöyhöyhöy-höy«. Es klingt, als würde ein Neandertaler das Erlegen eines Mammuts feiern. Mir kommen erste Zweifel, ob man mir hier eine Art von Sprechkultur vermittelt, mit der ich in der Zivilgesellschaft auch wirklich gut aufgehoben bin. Als ich diese Laute dann aber selbst ausstoße, merke ich: Das macht Spaß! Gibt ein ganz ungewohntes Gefühl von Stärke und Energie.

Mit diesen und ähnlichen Exerzitien bringt Jimmy mich Schritt für Schritt weg von meiner Demutsstimme – am Ende stehe ich nicht mehr wie ein schmächtiger Mitteleuropäer im Raum, sondern – dies sind nicht meine, sondern Jimmys Worte – »like a big damn Grizzly bear«.

Um die ganz banale saubere Aussprache geht es schließlich auch. Und es sind einmal mehr die Klassiker der Artikulationsschulung, die dabei für gute Laune sorgen: »Nur im dichten Fichtendickicht nicken dicke Fichten tüchtig.« (Ja, probieren Sie es ruhig mal!)

Drei Tage lang bin ich nun also Workshopteilnehmer und bekomme von Jimmy jede Menge Übungen beigebracht, von denen er immer wieder sagt, ich solle zu Hause unbedingt weiter mit ihnen arbeiten.

Dort wieder angekommen, will ich Marianne mit der ganzen neu gewonnenen Überzeugungskraft meiner Stimme begrüßen und sage in tiefem Bass, mit zartestem Schmelz und erlesener Artikulation: »Hallo, meine Liebste! Ich freue mich, dich zu sehen.«

»Was ist denn mit dir los? Du klingst wie ein Pfarrer auf der Beerdigung. Ist irgendwas passiert?«

»Nein.« (Wenn man von einer Spontandepression absieht, die durch den schmerzhaften Frontalzusammenstoß von Illusion und Wirklichkeit ausgelöst wird.)

Es wird auch ziemlich schnell klar, dass unser trautes Heim kein wirklich geeigneter Ort für ausgedehnte Stimmübungen ist. Schon nach dem zweiten Neandertaler-Work-out protestiert Marianne so heftig, dass ich derlei Übungen nur noch wage, wenn ich sie in mindestens drei Kilometer Entfernung weiß. Davon abgesehen konzentriere ich mich auf die Artikulation – die immerhin lässt sich in Zimmerlautstärke üben. Allerdings schleifen sich manche der Etüden dabei so sehr in meinem Hirn ein, dass sie mir dann auch in ganz normalen Gesprächssituationen rausrutschen:

»Hast du schon eine Idee, wo wir Jonas' Geburtstag feiern könnten?«

»Wie wär's wohl, wenn wir weilten, wo wogende Wellen weich winken?«

»Könntest du dich bitte einmal wie ein erwachsener Mensch benehmen?«

Richtig Ärger gibt es, nachdem unsere Jungs mich offenbar bei der Artikulationsübung mit den »im dichten Fichtendickicht nickenden dicken Fichten« gehört haben und daraus Varianten generieren, die noch dem härtesten Zotenreißer die Schamesröte ins Gesicht treiben müssen. Leider sind sie (trotz meiner eindringlichen Warnung!) blöd genug, das auch in Mariannes Beisein zu machen, und werden dafür völlig zu Recht mit drei Tagen Medienentzug bestraft – von denen allerdings zwei zur Bewährung ausgesetzt werden, als sie sich drauf berufen, dass sie doch nur »eine von Papas komischen Übungen« nachgemacht haben.

Ich tröste mich mit der Hoffnung, meine neu erworbenen Fähigkeiten zumindest auf der Bühne gewinnbringend einsetzen zu können – und mache mich mit großem Ernst an diese Aufgabe. Vor meinen Auftritten absolviere ich nun ein mehrstufiges Vorbereitungsprogramm, finde meinen Ton, lockere die Sprechmuskulatur, schärfe die Artikulation, um dann festzustellen – die Reaktionen des Publikums sind im Großen und Ganzen die gleichen wie zuvor. Habe ich es mit Kunstbanausen zu tun, denen man im Grunde auch einen Besenstiel auf die Bühne stellen könnte, weil ihnen jede Unterscheidungsfähigkeit fehlt, oder bin ich vokal doch noch nicht weit genug entwickelt? Ich bin jedenfalls erst einmal enttäuscht und schon drauf und dran, das Stimmtraining als grandiosen Flop zu verbuchen, erlebe an einer unerwarteten Stelle dann aber doch einen echten Erfolg: Auch wenn Felix schon die Pubertät erreicht hat, sind unsere Jungs darauf eingestellt, dass wir ihnen abends etwas vorlesen. Eine Aufgabe, die ich eher sporadisch wahrnehme, irgendwann aber merke ich: Sie sind natürlich auch eine Herausforderung für die Stimmgewalt und Gestaltungskraft des Vorlesers, die epochalen Werke der Jugendliteratur, *Harry Potter*, *Der Herr der Ringe*, *Bibi und Tina* …

Also melde ich mich jetzt immer öfter freiwillig zu diesem Dienst, lese und performe unter Anwendung aller mir zu Gebote stehenden Mittel und arbeite sogar (hier kann ich es ja sagen) teils mit unlauteren Methoden, indem ich hier und da ein »höyhöyhöyhöyhöy« in meinen Vortrag einbaue, das so nicht wirklich im Text steht, seine Wirkung aber gleichwohl nicht verfehlt: Es gibt Abende, da kringeln sich die Jungs vor Lachen. Und immer öfter heißt es nach dem Zähneputzen: »Papa soll vorlesen!«

Ich merke wohl, dass Marianne sich ausgebootet fühlt, dass sie eifersüchtig und indigniert danebensteht. So sehr ich meinen Erfolg bei den Jungs genieße – das tut mir dann doch leid. Aber just meinen Versuch, es wiedergutzumachen, nutzt sie, um sich auf ihre Weise zu rächen.

Eines Abends nämlich Nacht trage ich Marianne ein Shakespeare-Sonett vor; ein Liebesgedicht:

»Was Brot dem Leibe, bist du meiner Seele, was dürrer Saat der Regen, bist du mir …«

Im Blick auf Stimmlage und Sprachmelodie habe ich dabei ein ganz klares Vorbild: den seligen Alan Rickman, von dem es heißt, der Klang seiner Stimme sei von so derart betörender Wirkung gewesen, dass sämtliche Zuhörer – egal, ob Mann oder Frau – ihm danach jeden noch so exotischen Wunsch erfüllt hätten.

Ich bin aber noch nicht einmal am Ende des Vortrags angelangt, als geschlossene Augen sowie lange und gleichmäßige Atemzüge davon künden, dass Shakespeare-Sonette offenbar genau das richtige Mittel sind, wenn man Probleme mit dem nächtlichen Einschlafen hat. Und wäre da nicht noch der kleine verräterische Rest eines fiesen Grinsens in Mariannes Gesicht geblieben – ich hätte es ihr sogar geglaubt.

Betreutes Shoppen. Wenn Männer tragen, was Frauen sagen

»Du könntest dir mal wieder was Neues zum Anziehen kaufen.« Marianne sagt das keineswegs gereizt, sondern eher routiniert. Sie trifft diese Feststellung nämlich mit einer gewissen Regelmäßigkeit, und sie liegt damit definitiv richtig. Sie würde sich vermutlich sogar erbieten, mir bei einer einschlägigen Shoppingtour gute Ratschläge zu geben, genau das aber versuche ich zu vermeiden, seit ich Zeuge folgender Begebenheit geworden bin: Da steht ein Männlein mit großer, schwarzrandiger Brille stumm und verzweifelt vor einer halb geöffneten Umkleidekabine, einen Haufen soeben anprobierter und wieder verworfener Kleidungsstücke hinter sich. Die Hose, die er gerade trägt, ist viel zu eng. Er kann sie im Bund nicht schließen, obwohl er den Bauch schon in gesundheitsgefährdender Weise eingezogen hat. An den Füßen trägt er nur noch Socken, damit er ohne Probleme aus einer Hose heraus- und in die nächste hineinschlüpfen kann.

Eine sehr resolute Frau, offenbar seine Gattin, tritt hinzu. Wie ein Schatten stets einen Schritt hinter ihr: eine Verkäuferin in Demutshaltung. Beide begutachten den Mann mit der offenen Hose. Die Gattin stellt fest: »Ja, die Länge ist in Ordnung, aber obenrum ist die doch viel zu eng. Du bist aber auch wieder fett geworden, Herrgott noch mal!« Dann, zur Verkäuferin gewandt: »Haben Sie die wirklich nicht mehr eine Nummer größer da?«

»Ich bedaure sehr.«

»Ja klar, die guten Sachen sind natürlich alle schon weg. Ich hab doch gesagt, wir hätten viel früher gehen sollen. Dann musst du eben doch den Anzug mit dem großen Karo nehmen.«

»Aber Tanja, von denen habe ich doch schon viele.«
»Keine Widerrede. Sie machen uns den bitte fertig, ja?«
»Jawohl. Sehr gerne. Stets zu Diensten, Frau Dobrindt.«

Deprimierende Szenen wie diese spielen sich millionenfach in deutschen Abteilungen für Herrenoberbekleidung ab, wo die Kaufentscheidungen dem Vernehmen nach zu 95 Prozent von Frauen getroffen werden. Ich habe geschworen, dass mir eine solche Demütigung nicht widerfahren soll, und es mir deswegen zum Grundsatz gemacht, Textilgeschäfte grundsätzlich nur alleine anzusteuern. Meine Jagdsaison beginnt immer dann, wenn die großen weiß-roten »Sale«-Schilder in die Schaufenster gehängt werden. Da pirsche ich mich zumeist schon am frühen Vormittag an die Kleiderstangen und Wühltische heran, begutachte die Klamotten, die für die Masse der Verbraucher viel zu klein, viel zu groß – oder schlicht und ergreifend so hässlich sind, dass niemand sich damit auf die Straße traut. Ich habe es aber schon mehrfach erlebt, dass sich irgendwo unter diesen Stapeln von verschmähter Restware doch noch das ein oder andere kapitale Beutestück versteckt; ein Teil von ausgefallenem Dessin, besonderer Stoffqualität oder raffiniertem Schnitt. Und so etwas dann mit sattem Rabatt abgreifen zu können, erfüllt mich mit unbeschreiblicher Genugtuung.

Schon richtig: Als es um die Laufhose und meine Initiation ins Sportlerdasein ging, da habe ich den professionellen Rat der Experten gesucht. Hier aber vertraue ich allein meinem eigenen Instinkt. Und suche, immer wieder Witterung aufnehmend, nach dem goldenen Schuss – ich bin der Jäger des verborgenen Schnäppchens.

Nicht selten schnüre ich so lange zwischen den Gängen herum, dass ich vom Verkaufspersonal schon misstrauisch beäugt werde. Fragt mich dann einer der Mitarbeiter, ob er mir wohl helfen könne, so lautet meine stereotype Antwort stets: »Nein danke, ich schaue mich nur um.«

Und Bingo! Da kriege ich auch wieder ganz was Feines zu fassen: eine Jeans, spezielle Sommerbaumwolle, genau meine Größe, kombinierfreudiges Beige, Preis unter 30 Euro. Ich schleppe das Stück nach Hause und präsentiere es − so stolz wie ein Indianer den erbeuteten Skalp: »Guck mal, was ich hier wieder geschossen habe!«

Marianne verdreht die Augen. »Was um Gottes willen nützt dir eine Sommerbaumwollhose, wenn draußen minus zwei Grad herrschen und leichte Graupelschauer angesagt sind?«

»Ach, das wird sich schon finden.«

»Klar doch. In einem Dreivierteljahr. Wenn dir das Ding dann noch passt.«

Ich für meinen Teil bin überzeugt, dass meine Hose und ich sehr glücklich miteinander werden könnten − zusammen mit dem sonstigen Inhalt meines Kleiderschranks. Leider bekommt Marianne wenig später Besuch von einer Freundin, Carola. Die macht sich gerade als Feng-Shui-Beraterin selbständig und sieht den Sinn ihres Lebens darin, anderen Menschen beim »Entrümpeln ihres Alltags« zu helfen. Um, wie sie sagt, in dieser Tätigkeit noch etwas Routine zu gewinnen, bietet sie Marianne eine kosten-lose Unterstützung an, und als ich von zwei entrümpelungsbeschwingten Frauen in launiger Weise gefragt werde, ob ich mir denn nicht auch mal eben helfen lasse wolle, Klamotten auszumisten, bin ich blöd genug einzuwilligen. (Unseren Ehezwist noch im Hinterkopf handle ich irgendwie auch aus dem Gefühl heraus, ich könnte auf diese Weise weitere Pluspunkte sammeln.)

Leider reicht schon das Kriterium, erst mal alle Sachen wegzuschmeißen, die entweder nicht mehr passen oder offensichtlich kaputt sind, dazu aus, um meinen Kleiderschrank etwa um die

Hälfte zu leeren. Das muss man wissen: So praktisch es sein mag, sein Smartphone stets griffbereit in der Hosentasche mitzutragen – das Ding ist ein echter Beinkleid-Killer. Die Lebensdauer noch der robustesten Double Stitch Cord wird dadurch drastisch verkürzt.

Dann lautet Carolas Ansage: »Grau ist schon okay, aber mehr als die besten zwei Hosen, Hemden und Jacketts in der Farbe zieht eh keine Sau an.« Tja, und damit bleiben im Schrank inklusive meiner neuen Sommerhose noch ziemlich genau sieben Kleidungsstücke übrig (beziehungsweise acht – denn meine löchrige Lieblingsjeans habe ich nächtens dann doch wieder aus dem Altkleidersack rausgezuppelt. Heimlich. Und – ja natürlich – das Iron-Maiden-T-Shirt auch.)

Am nächsten Tag tritt Marianne einmal mehr den Beweis an, dass sie in der Lage ist, mich bis zur Sprachlosigkeit zu verblüffen. Sie drückt mir mehrere Hundert-Euro-Scheine in die Hand.

»Was ist das für Geld?«

»Es kommt aus meinem persönlichen Wohlfühl-Budget, und ich gebe es dir.«

»Echt? Einfach so?«

»Natürlich nicht. Du musst dich zu etwas verpflichten.«

»Nämlich?«

»Das Geld binnen einer Woche für neue Anziehsachen auszugeben. Erlaubt ist ausschließlich Neuware; und nichts vom Wühltisch. Du darfst alleine losziehen, aber ich kontrolliere die Preisschilder.«

Hab ich's doch geahnt. Ein vergiftetes Geschenk. Zudem eines, das mich vollkommen ratlos macht. Würde ich nach meinem bisherigen Beuteschema shoppen gehen, dann wäre ich eine Woche unterwegs und hätte das Geld nicht mal zur Hälfte aufgebraucht. Und den ganzen Betrag für ein einziges Sakko rauszuhauen (was ohne Zweifel möglich wäre), bringe ich einfach nicht über mein Schnäppchenjägerherz.

Also muss ich mich wieder umschauen: Gibt es vielleicht irgendwelche Workshops für Männer zum Thema »Mehr Mut zur Zweithose«? Das nicht, aber ich entdecke im Netz eine Art Shoppinghilfe, die wie für mich gemacht scheint. Man will mir dabei assistieren, mich »typgerecht und modisch aktuell« einzukleiden. Ich muss mich dazu anmelden, eine kurze stilistische Selbstbeschreibung abgeben und per Häkchen bekunden, ob ich eine persönliche Beratung wünsche. Ja, wünsche ich.

Diese Beratung meldet sich dann telefonisch in Person einer gewissen Nadine.

Sie stellt sich vor und bietet gleich an, dass wir uns duzen.

»Äh ja, warum nicht.«

»Wir wollen uns ein wenig über dein mögliches Outfit unterhalten. Was hast du denn gerade an?«

Ich muss sagen, Nadine geht ganz schön zur Sache – und es ist gut, dass sie mich nicht sieht, denn so kann ich ihr weismachen, ich säße in einem Designerhemd da, obwohl ich doch in Wahrheit nur ein verwaschenes Longsleeve trage, das es mal günstig auf dem Türkenmarkt gab.

»Gibt es eine Hose, bei der du das Gefühl hast, dass sie dir ganz besonders gut passt?«

»Oh ja, die gibt es.« (Ich trage sie eigentlich jeden Tag.)

»Und welche Größe hat die?«

Ich nenne die Größe.

»Wow. Dann bist du ja ziemlich schlank.«

»Inzwischen wieder, danke.«

»Toll! Für einen Mann in deinem Alter.«

(Den Spruch hätte sie sich sparen können.)

»Wie würdest du dich denn stilistisch einordnen – casual, trendy, business-casual oder klassisch?«

»Das, äh …« Puh, was bedeutet das? Und wenn ich jetzt das Falsche sage – was für Fummel kriege ich dann zugeschickt?

»... ich glaube, ich bin mehr so lässig, also sportlich-lässig, aber ich finde es ganz gut, das auch mal mit klassischen Elementen zu kombinieren.«

»Oh, das klingt spannend. Das ist exakt der Stil, der mir bei Männern am besten gefällt.«

Was ist das? Werde ich da gerade ein bisschen rot? Und könnte es nicht doch ein Ladengeschäft geben, in dem man mit Nadine auch mal persönlich plaudern kann ...?

Nachdem sie noch einige Vorlieben abgefragt hat (die Rede ist von farblichen Vorlieben), kündigt Nadine schließlich die Zusendung eines Pakets an. Ich könne die Sachen in aller Ruhe probieren und das, was mir nicht gefällt, einfach wieder zurücksenden.

»Sag mal, mit wem hast du denn da gerade telefoniert?«

Hoppla! Stand die Tür offen? War Marianne im Zimmer? Habe ich gar nicht bemerkt.

»Das war ... was Geschäftliches.«

Marianne hebt die Augenbraue, sagt aber weiter nichts.

Das Paket mit den Sachen kommt einige Tage später, als ich zufällig gerade allein zu Hause bin. Was mich in die Lage versetzt, die genauen Umstände der Kleiderauswahl im Dunkeln zu lassen.

Als Marianne wieder da ist, lege ich ZZ Top auf, *Sharp dressed man*, und präsentiere ihr die Neuerwerbungen. Sie ist beeindruckt.

»Hey, das sieht ja richtig gut aus«, befindet sie. »Hätte ich dir gar nicht zugetraut, dass du dir so – ja, flotte Sachen aussuchen kannst.« Und nach einem kleinen Moment des Nachdenkens: »Du hast diese Sachen doch selbst ausgesucht?«

»Doch, doch, ja, ja, selbstverständlich«, stammele ich. Marianne nimmt es mir ab, aber das war knapp. Was ich als Nächstes buchen sollte, wäre ein Workshop »Besser lügen« oder – wie man heute sagen würde – »wie ich meine subjektive Version der Wahrheit erfolgreich kommuniziere«.

Um weiteres Feedback zu erhalten, poste ich Fotos, die mich im neuen Outfit zeigen. Die Reaktionen sind richtig gut. Es gibt sogar jemanden, der mutmaßt, ich sei wohl gerade von einem Shoppingtrip nach Mailand zurückgekommen.

Das Einzige, womit ich fertigwerden muss, ist die Tatsache, dass ich gegen meinen hehren Grundsatz verstoßen habe, bei der Kleiderauswahl doch eigentlich keine weibliche Maßgabe zulassen zu wollen. Wie es mir dabei geht? Erstaunlich gut. Was sich bei dieser Gelegenheit wieder zeigt: Wer den Mut hat, hier und da auch mal inkonsequent zu sein, kann sich das Leben deutlich erleichtern.

Mein Rad ist cooler als deins!

Nach Tagen intensiver Kleideranproben brauche ich endlich mal wieder frische Luft. Ich schwinge mich auf mein olles Trekkingrad (Modell »Rentnerglück«, vor gut fünfzehn Jahren als Schnäppchen im Netz geschossen, die silbergraue Metallic-Lackierung an vielen Stellen abgeblättert, das ganze Gerät gefühlte 40 Kilo schwer), als mich wie ein Blitz die Erkenntnis durchzuckt, mit welchem Merkmal ich jetzt zur stilistischen Vollkommenheit gelangen kann: Mit einem neuen Fahrrad!

In meinem Umfeld spielt das Auto als Statussymbol eigentlich keine Rolle mehr. Holgers SUV ist da wirklich die einzige Ausnahme – und wird nicht nur von mir als Spinnerei abgetan. Ansonsten hat man sich in unserer Nachbarschaft beim Auto meist für einen familientauglichen Pampers-Bomber entschieden. Die Fahrräder, die vor dem Haus stehen, sind oft Aktionsware aus dem Discounter. Für mich heißt das: Mit überschaubarem Aufwand könnte ich hier ein Zeichen setzen. Aus der Masse herausragen. Es müsste allerdings schon ein Fahrrad sein, das auffällt, das meine charakteristischen Eigenschaften (sagen wir: sportlich, unkonventionell und doch verantwortungsbewusst) unterstreicht und dabei auch optisch ein Ausrufezeichen setzt.

Meine erste Anlaufstelle ist daher ein Geschäft, von dem es heißt, man könne hier wahrhaft coole Fahrräder finden und erwerben. Cool sieht der Laden in der Tat auch aus. Runtergerocktes Mobiliar, Graffiti-Kunst an den Wänden, dazu Techno-Beats, die aus versteckten Lautsprechern wummern. Ein gutes Dutzend Heranwachsender – manche in Begleitung ihrer Mütter – steht an einem Holztresen Schlange und wartet darauf, dass einer von zwei zotteligen Typen, die hier offenbar den Laden schmeißen, es berät und bedient. Das dauert. Als ich schon entschlossen bin, mit den Worten »da hat man ja in der DDR seinen Trabant schneller gekriegt« wieder zu gehen, wendet sich mir dann doch ein Zweirad-Zottel zu. Jetzt, wo ich ihm direkt gegenüberstehe, sehe ich, dass er schon an seinen sichtbaren Körperstellen so viele Piercings hängen hat, dass man daraus locker ein Tandemfahrrad zusammenschrauben könnte.

Der junge Typ mustert mich, peilt mich mit seinem Zeigefinger an und meint in einer Mischung aus Frage und Feststellung: »Du suchst nach einem E-Bike.«

Das darf ja wohl nicht wahr sein! Fahrräder mit elektrischem Hilfsmotor gehören für mich in eine Reihe mit Kaffeefahrt und Rheumadecke. Ich suche ein Sportgerät, kein medizinisches Hilfsmittel. Also verneine ich. »Ich brauche ein Rad, das sportlich, stylish und alltagstauglich ist.«

Treffer, versenkt, denke ich. Damit müssten alle Fragen geklärt sein; er geht einfach ins Lager und kommt mit meinem Rad wieder raus. Der Zottel aber wiegt nur bedächtig sein Haupt und meint: »Da kämen jetzt ein Chopper, ein Coffee Racer, ein Beach Cruiser und ein Fixie infrage.«

Ich habe nicht die leiseste Ahnung, was diese Begriffe bedeuten könnten, aber ich bewahre die Fassung und sage in der tiefsten mir möglichen Stimmlage: »Ich würde dann erst einmal einen Chopper testen.«

Mit klingelnden Piercings rauscht Zottel davon und kommt kurz darauf mit einem Gefährt zurück, das in der Tat große Ähnlichkeit mit einem Easy-Rider-Motorrad aufweist.

»Man kann«, sagt er, »beim Anhalten den Fuß seitlich aufsetzen, ohne dabei vom Sattel steigen zu müssen.«

Er schaut mich dabei an, als sei dies das schlagende Verkaufsargument schlechthin. Klar, in seinen Augen bin ich bestimmt so etwas wie ein Rad-Methusalem. Als Nächstes wird er mir Stützräder anbieten, mich in die Abteilung mit den Rollatoren schicken oder fragen, ob ich nicht auch noch ein paar Dreiräder mitnehmen will – für die Enkelkinder.

Egal. Ich schwinge mich auf den Chopper und darf damit auf dem Parkplatz vor dem Laden eine Runde Probe fahren.

Ein Gefühl wie früher auf dem Bonanza-Fahrrad. (Für diejenigen, die das letzte Jahrtausend noch nicht bewusst erlebt haben: Das waren so Jugendräder mit Bananensattel und Rückenstütze, an der ganz Verwegene sogar einen Fuchsschwanz angebracht haben. Ein bisschen prollig. Eine Art Manta-Erwartungs-Fahrzeug.) Der Chopper ist ganz nett, aber am Ende sieht das so aus, als träumte ich eigentlich von einem echten Motorrad, hätte dafür aber nicht das nötige Kleingeld.

»Okay. Was gibt es noch?«

Der Coffee Racer entpuppt sich als eine Art Holland-Rad, das an Magersucht leidet. Praktisch, solide, aber zu unauffällig.

»Und was ist mit diesem äh ... Foxy?«

»Fixie«, knurrt mein Freund und holt anschließend ein Gefährt ans Licht, das in der Tat hochinteressant aussieht: ein irgendwie aufs Wesentliche reduziertes Rad, bei dem nichts die elegante Optik stört, kein Schriftzug, kein Schutzblech, kein Gepäckträger. Es wirkt dabei sportlich, ich möchte fast sagen:

hochbeinig – wie eine Gazelle. Definitiv etwas Besonderes. Ich bin gespannt. Zottel-Man offenbar auch, denn diesmal scheint ihm sehr daran gelegen zu sein, zu meiner Probefahrt mit nach draußen zu kommen.

»Ist aber ein Ein Gang-Rad«, gibt er mir noch mit auf den Weg. Mehr als der Spruch »Kein Problem! Besser einer als keiner.« fällt mir dazu aber nicht ein. Ich fahre am Gebäude entlang, kurve mit Schwung um eine Reihe parkender Autos und muss sagen, das Rad macht Spaß. Ich beschließe, noch eine zweite Runde zu drehen, als ich gewahr werde, dass dieses Rad keine Handbremsen hat. Nun gut, denke ich, dann eben Rücktritt, und will das Rad auf diese Weise zum Stoppen bringen. Aber was passiert? Mein rechter Fuß rutscht vom Pedal ab. Das dreht sich einfach weiter und schlägt bei der nächsten Umrundung schmerzhaft gegen mein Schienbein. Au!

Mit Mühe halte ich den Lenker gerade, spreize beide Beine zur Seite, um keine weiteren Schläge der sich immer noch drehenden Pedale auf die Knochen zu kriegen. Mit eindeutig zu viel Fahrt rausche ich auf die Tür des Ladens zu, vor der Zottel sich aufgestellt hat und die Szene scheinbar ungerührt verfolgt.

»Wie bremst man?«, kreische ich.

Nun, in dem Fall dadurch, dass man von einem unerwartet kräftigen zottelhaarigen Typen entschlossen an der Hüfte gepackt und festgehalten wird. Wundersamerweise gelingt es ihm, dabei auch das Rad noch so zu sichern, dass das ganze Bündel aus Mensch und Maschine nicht zu Boden geht, sondern einigermaßen unversehrt zum Stehen kommt – wenn man von einer schmerzhaft pochenden Stelle an meinem rechten Schienbein absieht, an der sich im Weiteren ein in allen Regenbogenfarben schillerndes Hämatom bilden wird. Ganz großes Kino! So finde ich mich in einer unfreiwilligen Umarmung mit dem Zottel, bin ihm näher, als ich mir das je hätte träumen lassen. Er hat sanfte braune Augen, riecht nach selbst gedrehter Zigarette mit einem Hauch Schwarzer Afghane. Auf den Schreck möchte ich ihn fast fragen, ob ich mir auch mal eine drehen darf.

»Wenn man mit 'nem Fixie bremsen will«, sagt er, »muss man die Füße auf den Pedalen haben, mit einer Hand am Sattel das Hinterrad anheben und es dann quer stellen!«

So ein Quatsch!, denke ich. Und antworte: »Ach so! Habe ich in dem Moment gar nicht dran gedacht.«

»Willst du es dann vielleicht noch mit einem Urban Bike probieren?«

»Danke«, sage ich. »Aber mir ist gerade eingefallen, dass ich noch einen Termin habe. Ich würde die Tage wieder vorbeischauen.«

»Hast du ein Kärtchen?«, fragt Zottel. »Bei uns kommt immer mal wieder was Interessantes rein, dann rufe ich durch.«

Ein Anfall von Serviceorientierung, den ich an dieser Stelle nicht erwartet hätte. Aber ich bin ihm ja auch dankbar, dass er mich vor einem möglicherweise lebensbedrohlichen Crash gerettet hat. Also notiere ich meine Nummer auf einer Autogrammkarte, gebe sie ihm und humpele von dannen.

Meine weitere Suche nach dem für mich geeigneten Rad empfinde ich bald als eine echte Odyssee. Der Markt ist von unüberschaubarer Vielfalt, und an wen man auch immer gerät – jeder Anbieter preist seine jeweilige Rad-Philosophie mit geradezu messianischem Eifer.

So höre ich mir epische Vorträge eines Schraubers an, der ein Sortiment gebrauchter Rennräder aus den Siebzigerjahren pflegt. Sie tragen die Namen früherer Rad-Legenden, sind aus Stahlrohr gefertigt und haben eine Rahmenschaltung. Beeindruckend. Aber man müsste wohl 10 000 Radkilometer zurücklegen, damit man auf zwei oder drei Insider trifft, die einen solchen Kultgegenstand auch zu würdigen wissen.

Ich lande im Flagship-Store eines amerikanischen Edelproduzenten. Ein fast kahler Raum. Wände und Decken sind in weißem Hochglanzlack gehalten. Auf einem Podest steht genau ein (!) Fahrrad. Außerdem sind da noch ein Pult mit einem Computerterminal und eine junge Frau in einem Business-Kostüm.

Ich spreche sie an. »Ich bin auf der Suche nach einem Fahrrad. Dürfte ich mit Ihrem denn mal eine Probefahrt machen?«

»Das ist bei uns eigentlich nicht vorgesehen«, lautet die Antwort. »Wenn Sie sich zum Kauf eines Rades entschließen, würden in einem Bodyscan Ihre biomechanischen Daten erfasst, und das Rad würde für Sie individuell angefertigt.«

»Aha. Und in welchem preislichen Rahmen bewegt sich das?«

»Das kommt auf die Ausstattungsmerkmale an, die Sie wählen. Ich kann Ihnen gerne eine Preisliste mitgeben.« Der entnehme ich nach intensiven Studien, dass ein Rad – in fahrtüchtigem Zustand – sich preislich auf einen fünfstelligen Eurobetrag zubewegt.

Fast handelseinig werde ich dann in einem Geschäft, das Fahrräder führt, deren Rahmen aus Bambus besteht. Exotisch! Man arbeitet mit einer afrikanischen Kooperative zusammen, die den Rohstoff liefert.

Natürlich kommen mir Fragen: »Wer garantiert mir, dass so ein Rad aus Bambus im nächsten Herbst nicht einfach verschimmelt?«

»Die Verbindungsteile sind in Epoxidharz getränkt, der Rahmen mit Speziallack versiegelt – da kann nichts passieren.«

Damit würde ich bestimmt mächtig Eindruck machen. Wobei nachhaltiges Naturmaterial – schön und gut. Unterstützung einer afrikanischen Selbsthilfeinitiative – noch besser. Aber im Vergleich zu High-Tech-Racern westeuropäischer Machart sieht das Produkt doch – wie soll ich sagen? – ein bisschen trist und armselig aus. Als käme es nicht aus Afrika, sondern aus Nordkorea. Ich muss mir das noch mal überlegen.

Trete vor die Tür. Immer noch radlos. Und irgendwie ratlos. Mein Handy klingelt. Ich nehme den Anruf an.

»Hier ist Tibet.«

»Und hier ist Nix Laos. Ich meine: Wer ist da?«

»Tibet. Vom Bike-Store.«

Bike-Store. Das war doch da, wo ich als Erstes hingegangen bin. Genau! Der Zottel. Der hat natürlich auch einen Namen. Ich wusste nicht, dass man Tibet heißen kann, aber warum nicht.

»Ja, hi! Was gibt's denn?«

»Wir haben da gerade was reingekriegt; das ist für dich vielleicht interessant. War als Ausstellungsstück in der Zentrale, da könnten wir ein Angebot machen.«

»Okay. Ich komm vorbei.«

Bei dem Ausstellungsstück, das Tibet mir dann präsentiert, denke ich im ersten Augenblick, er will mir doch noch das Fixie andrehen, denn das Rad hat große Ähnlichkeit damit. Aber dann sehe ich: Es sind Bremsen vorhanden. Eine Kettenschaltung gibt es auch. Außerdem ist am Rahmen wohl eine Luftpumpe befestigt.

»Das«, meint Tibet, »ist ein Speed-Bike. Ich hoffe nur, dass es von der Rahmengröße hinhaut. Müsste aber eigentlich. Ich würde dir gerade den Sattel noch ein bisschen tiefer stellen.«

Ich bin total angefixt. Das Rad ist ein Traum. Weiß lackiert. Schnittig. Elegant. Ich will es haben. Ob es von der Rahmengröße hinhaut, ist mir im Grunde egal. Sollte es zu groß sein, dann wachse ich halt noch ein bisschen. Die Probefahrt verläuft unfallfrei. Mit der Rahmenhöhe gibt es kein Problem. Der Preis liegt allerdings doch ein klein wenig höher, als ich das nach meinen Marktstudien erwartet hätte.

»Ach ja, ich muss dir auch noch was zeigen,« meint Tibet dazu und deutet auf einen kleinen Hebel, der neben der Gangschaltung angebracht ist.

»Wozu dient der denn?«, frage ich.

Tibet grinst. »Das Rad ist gedopt.«

»Ist da irgendwo Schwarzer Afghane verbaut?«

»Nö. Aber ein kleines Maschinchen im Tretlager. Das, was da so aussieht wie eine Luftpumpe, ist in Wahrheit ein kleiner Akku. – Motordoping.«

Ich weiß gerade nicht, worüber ich mehr staunen soll. Über die Tatsache, dass ein Fahrrad einen praktisch unsichtbaren Motor haben kann, darüber, dass Tibet mir am Ende doch ein E-Bike verkauft, oder darüber, dass mir das in diesem Moment überhaupt nichts ausmacht.

»Ich finde«, meint er, »man muss so was ganz pragmatisch sehen. Wenn du willst, verschafft dir das Ding nochmal 50 Watt mehr, aber du brauchst ihn ja nicht einzuschalten. Auf der anderen Seite: Wenn du mal in das Alter kommst, in dem andere sich erst noch ein E-Bike kaufen müssen – dann hast du schon eins!«

Dazu gibt es nichts mehr zu sagen. Ich zücke meine Kreditkarte. Die Fahrt nach Hause – ein Triumph. Auf den Straßen sind viele andere Radler unterwegs. Auf Rennrädern, Choppern, Coffee Racern, … Ich überhole sie alle. Den kleinen Schalter, wohlgemerkt, brauche ich dabei gar nicht zu bedienen. Im Moment bin ich naturgedopt. Zu Hause fahre ich dann auch so lange um den Block, bis es keinen Nachbarn mehr gibt, dem ich nicht einen Vortrag über mein neues Speed-Bike gehalten habe, und beschließe den Tag mit dem Gefühl, vom Glück auf fast schon unverschämte Weise begünstigt zu sein. Denn mein Rad hat nicht nur Stil. Es hat auch ein Geheimnis.

Zwischenbilanz

1. Der Facebook-Check

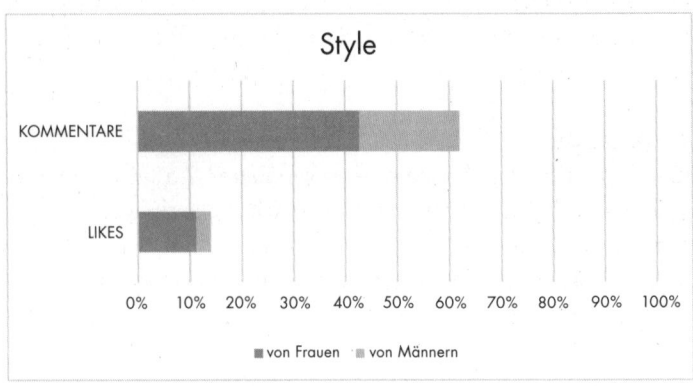

Die Erwartung, dass Stilfragen polarisieren und ich in den sozialen Medien deswegen zahlreiche Rückmeldungen bekomme, wird beim Blick auf die Kommentare bestätigt. Insgesamt halten sich positive und negative Kommentare ziemlich genau die Waage, und sie entsprechen den Geschlechterklischees. Männer reagieren eher auf das Fahrrad. Frauen mehr auf die Klamotten.

2. Fühle ich mich besser?

Bedingt. Stiloptimierung ist anstrengend. Wie heißt es in einem Song von Tim Curry? »It must be really frightful to attract publicity.« Kann ich bestätigen. Schon allein deshalb, weil ein nicht unbeträchtlicher Aufwand zu betreiben ist, man sich des Erfolges aber nicht unbedingt sicher sein kann, denn der hängt weniger vom eigenen Eifer als vielmehr von der Laune des Publikums ab – und ist damit unkalkulierbar.

3. Was sagt Marianne?

Die ist öfter mal entsetzt. Und es mag ein unvermeidlicher Kollateralschaden sein, sich in Stilfragen Gegner zu machen, aber wenn die eigene Ehefrau dazugehört, dann wird es ungemütlich. Sollte ich in dem Bereich also jemals weitere Ideen verfolgen, werde ich versuchen, sie mir dabei zur Verbündeten zu machen.

4. Die Kosten

In der Textilfrage habe ich doch vor höheren Ausgaben zurückgeschreckt, beim Fahrrad aber habe ich zugeschlagen. Einmal muss man sich ja auch was gönnen, und in dem Fall kann ich sagen, dass ich mit der Anschaffung auch nach Wochen noch sehr zufrieden bin.

5. Maximales Sau-rauslassen-Glückserlebnis …

… ist für mich ganz klar die Performance auf dem Fahrrad – auch weil verschiedene stimmungssteigernde Faktoren zusammenkommen: die Freude am eleganten Gerät, die frische Luft, der Rausch der Geschwindigkeit und die abgehängten Konkurrenten. Nicht mal Fliegen ist schöner.

V
BALANCE

Yoga. Nicht ohne meine Matte

In dem Kölner Stadtteil, den ich nun schon lange bewohne, gibt es einen Trend, der sich über die Jahre verstetigt und verfestigt hat: Man sieht immer mehr Leute mit Matte. Damit ist keine Nonkonformisten-Frisur gemeint, sondern die Art von Matte, auf der man liegen, kopfstehen, die Extremitäten verknoten oder anderen Übungen frönen kann: die Yoga-Unterlage. Und wenn Yogis und Yoginis sich damit anfangs noch verschämt in Hinterhofstudios zurückgezogen haben, so praktizieren sie heute quasi überall: im Freibad, im Park, manche sogar auf einem Surfbrett im Teich. Es ist fast schon ein Wunder, dass noch niemand die Gefahr einer drohenden »Hinduisierung des Abendlands« heraufdämmern sieht.

Wenn aber derart viele Menschen Yoga machen, dann muss ja wohl auch etwas dran sein. Zumal sie hinterher oft so beglückt aus der Wäsche gucken, als hätten sie gerade einen Riesenjoint durchgezogen.

Was mich die Sache noch mit einem gewissen Abstand betrachten lässt, ist der Eindruck, dass es sich bei Yoga eher um eine Angelegenheit für Frauen handelt. Als Mann fühle ich mich nicht so recht herausgefordert, denn soweit ich weiß, geht Yoga nicht schnell, man macht sich nicht schmutzig, und ich kann dabei gegen niemanden gewinnen.

Nun soll es Männer geben, die nur deswegen Yoga betreiben,

weil man da angeblich zusehen kann, wie Frauen atemberaubende Positionen einnehmen; aber so etwas wäre mir natürlich vollkommen egal. Oder sagen wir: Es wäre vielleicht ein Kollateraleffekt, den ich billigend in Kauf nehmen würde. Ausschlaggebend für meine Entscheidung, es doch einmal auszuprobieren, ist etwas ganz anderes, nämlich eine Fernsehreportage, durch die ich erfahre, dass zahlreiche Filmstars – einschließlich Daniel Craig! – auf Yoga schwören. Der Schauspieler Woody Harrelson behauptet sogar – fast hätte ich gesagt, »steif und fest« – Yoga gebe dem Liebesleben ungeahnte Impulse. (Das könnte immerhin besagten Kiffer-Gesichtsausdruck erklären.)

Was der Sache dann den letzten Schub gibt: So skeptisch Marianne meine sonstigen Optimierungsbemühungen betrachtet; als ich auf das Thema Yoga komme, sagt sie prompt: »Das ist ja endlich mal eine gute Idee.« Sie hört sich auch gleich bei den Nachbarinnen um und berichtet mir dann von einem Studio in der Nähe, bei dem es eine Probestunde zum Schnäppchenpreis gibt und weitere Sessions ohne vertragliche Verpflichtung in überschaubaren Paketen gebucht werden können. Eine erfreulich niedrigschwellige Einstiegsmöglichkeit! Aber hingehen muss ich natürlich wieder allein. Marianne hat sich unglücklicherweise eben erst einer Bridgegruppe angeschlossen, die sie nicht im Stich lassen möchte. Zumindest sagt sie das.

Um nicht vollständig unbedarft zu meinem Yoga-Debüt zu erscheinen, versuche ich mir im Vorfeld ein paar Dinge anzulesen. So lerne ich, dass Yoga dazu dienen kann, die »sieben Ebenen der Existenz in Harmonie zu bringen«. Für mich schon ein Schock. Sieben Ebenen! Dass es so viele sind, war mir gar nicht bekannt. Da habe ich mich ein Leben lang damit zufriedengegeben, den Körper zu kräftigen, den Geist zu beschäftigen und der Seele ab und an mal auf die Schulter zu klopfen – und darüber vier weitere Ebenen komplett vernachlässigt. Eine davon könnte das Liebesleben sein – aber welches sind die restlichen drei? Mit solcherart Fragen im Kopf betrete ich also das Studio. Das atmet noch ein wenig den Räucherstäbchen-Charme der Sannyasin-Ära. Ein paar kleine Buddha-Statuen stehen herum, und es geht lebhaft zu. Die Klientel ist international. Manche verständigen sich auf Englisch oder Französisch. Nur ich werde offenbar direkt als Hiesiger erkannt, denn man stellt mir zur Begrüßung in schnödem Deutsch die Frage: »Hast du eine Matte dabei?«

Ups. Verdammt! Wie konnte ich denn das Wichtigste vergessen?

»Wenn nicht, kannst du bei uns eine leihen. Kostet einen Euro.«

Gerade noch mal gut gegangen! So halte ich dann erstmals eine Yoga-Matte in der Hand. Fühlt sich angenehm an. Ich versuche mich damit möglichst unauffällig in den Strom der anderen Teilnehmer einzureihen. Es sind tatsächlich ganz schön viele, die da in den Saal strömen, ihre Matten auf dem Boden ausrollen und sich schon mal ein wenig darauf herumräkeln. Außerdem muss man sich aus einem Regal zwei Holzblöcke holen, aber wohl nicht, um sie zu zertrümmern, wir sind hier schließlich nicht beim Karate. Vielleicht bauen wir damit am Ende alle zusammen so etwas wie einen Altar?

Mit einer gewissen Erleichterung stelle ich fest, dass ich nicht der einzige Mann in der Runde bin – mindestens zwei andere kann ich noch ausmachen, einer hat sich direkt neben mir platziert.

Dann begrüßt Yogalehrerin Ambika die Klasse – so heißt das hier, ganz wie in der Schule. Ambika macht einen sehr entspannten und souveränen Eindruck.

»Ist heute jemand Neues hier?«, möchte sie wissen.

Ich melde mich.

»Hast du schon mal Yoga praktiziert?«

»Nein«, sage ich. »Noch nie.«

»Oh«, antwortet Ambika. »Dann wirst du was erleben.«
Allgemeine Heiterkeit.

»Yoga macht süchtig.«

Na, da bin ich gespannt.

»Unser Augenmerk liegt heute nicht so sehr auf Kraft, wohl aber auf Intensität. Es wird Übungen geben, da kocht man in tiefen Hüftöffnern leise vor sich hin und darf auch seine lang gehaltene emotionale Suppe auslöffeln.«

Die anwesenden Damen kichern. Ich fühle mich plötzlich unwohl. Möchte ich wirklich dabei sein, wenn Dutzende mir persönlich nicht bekannte Menschen emotionale Substanzen aus den tiefen Hüftöffnern zutage fördern? Ich beschließe dann aber, nicht so viel über die Yoga-Prosa nachzudenken, sondern mich dem Geschehen vertrauensvoll hinzugeben. Sehr schnell wird dann das Rätsel um die Holzblöcke gelöst. Einen solchen sollen wir nämlich unter den Nacken legen, dann Kopf und Hals langsam darauf zur Seite drehen, dabei schmerzende Stellen, sogenannte Triggerpunkte, finden und eine Weile an diesen ausharren, um die Muskulatur zu entspannen. Nach schmerzenden Stellen muss ich nicht lange suchen. Irgendwie tut bei mir jede Stelle weh. Ich befinde mich offenbar im Zustand der Komplettverspannung.

Abgesehen davon beginne ich, innerlich ein wenig mit den Hufen zu scharren. Es könnte jetzt mal losgehen!

Aber das ist wohl das erste, was ich nach Jogging und Kraftsport zu lernen habe: Hier geht es nicht um schneller, schwerer oder weiter, sondern um den Fluss der Bewegung, den richtigen Rhythmus. Da liegt man erst mal nur auf dem Boden und hebt die Hüfte, um sie anschließend – wieder abzusenken. Wahnsinn!

Ambika gibt sehr präzise Anweisungen, welche Bewegungen auszuführen sind. Oft sollen sie mit dem Ein- und Ausatmen koordiniert werden, und es geht auch immer wieder darum, in sich hineinzuhorchen, bis zu welchem Punkt eine Bewegung

oder Dehnung noch als stimmig, wohltuend oder richtig emp-
funden wird. Das geschieht alles sehr bedächtig, und gelegentlich gibt es auch Musik dazu. Ich finde mich unversehens in
Positionen, die ich hier und da auf Yoga-Schautafeln schon gesehen habe: Aha, das also ist der »herabschauende Hund«, die
»Kobra« oder der »Krieger«. Und spätestens jetzt bin ich fasziniert und gepackt von dem, was ich da gerade praktiziere. Denn
ich spüre, es braucht Kraft, diese Positionen einzunehmen und
zu halten. Besonders gilt das für das »Brett«, bei dem ich, auf
Hände oder Unterarme gestützt, Rücken und Beine gestreckt
halten und so möglichst lange ausharren soll.

Ehe ich mich versehe, hat sich unter mir eine Pfütze gebildet.
Hoffentlich ist es Schweiß. Oder bin ich hier der Einzige, der die
»emotionale Suppe« nicht hat halten können? Ich kann dem
gerade nicht auf den Grund gehen, und ob die Frauen um mich
herum tatsächlich atemberaubende Positionen einnehmen, interessiert mich auch kein bisschen, denn ich bin voll und ganz
damit beschäftigt, meine eigene Position einigermaßen stabil zu
halten. Genauer: Sobald es nicht darum geht, einfach nur flach
auf dem Boden zu liegen, kämpfe ich gegen das Umkippen.

Das Ganze mündet zum Ausklang in eine Ruhephase,
»Savasana« genannt, das ist – tatsächlich – die »Todesstellung«.
Um dabei nicht zu frieren, ziehen viele mitgebrachte Socken an
oder hüllen sich in eine Decke ein. So tot, dass auch die eigenen
Kälterezeptoren aussetzen, ist man nämlich auch wieder nicht.
Meine Socken sind im Umkleideraum, und eine Decke habe ich
blöderweise nicht mitgenommen. Aber es geht auch so. Alle liegen
entspannt auf dem Rücken. Man darf die Augen schließen. Jetzt,
denke ich, werde ich wohl etwas über die Harmonie der Ebenen
erfahren, wird mein Geist zur wahren Transzendenz geleitet …
Ich bin wirklich neugierig, wie das sein wird, entspanne sodann,
entgleite – und spüre eine warme, behutsame Berührung an mei-

nem rechten Oberarm. Das fühlt sich gar nicht so schlecht an, denke ich und lächle. Aber die Berührung breitet sich nicht aus, sie beginnt zu drücken und dann regelrecht an meinem Oberarm zu rütteln. Ich öffne meine Augen, und mein Blick fällt direkt auf meinen Mattennachbar, der über mich gebeugt neben mir steht und mich darauf aufmerksam macht, dass alle anderen bereits auf dem Weg nach draußen sind. Seinem etwas schiefen Grinsen nach zu urteilen, bin ich wohl nicht nur eingepennt, sondern habe vermutlich auch noch vernehmlich geschnarcht. Jedenfalls meint er: »Ging mir beim ersten Mal auch so.«

Also wirklich! So ein Lapsus soll mir nicht noch einmal passieren – und ich möchte gerne wiederkommen. Was heißt, möchte? – ich horche in mich hinein und habe das Gefühl, ich *muss* wiederkommen. Ambikas Satz, dass Yoga süchtig mache, war vielleicht nur als harmloser Spaß gemeint – in meinem Fall aber erweist er sich als knallharte Realität. Es geht mir fast wie einem Heroin-Junkie, der schon durch den ersten Schuss in die Abhängigkeit gestürzt wird. So wohlig warm und gut durchgearbeitet fühle ich mich, dass ich denke: Ja, genau das ist es! Und da bin ich dann auch konsequent: Ich kaufe mir sofort eine eigene Yoga-Matte. Ohne die gehe ich von nun an praktisch nicht mehr aus dem Haus. Ich werde ein richtiger Yoga-Streber. Fast täglich besuche ich eine der Klassen. Kann die Übungen deswegen auch bald schon so geschmeidig ausführen, dass ich dabei nicht mehr ständig gegen das Umkippen ankämpfen muss. Was mir Gelegenheit gibt, doch mal zu schauen, ob die Frauen rechts und links von mir gerade atemberaubende Positionen einnehmen – etwas anderes aber ist viel interessanter und entscheidender: der einem Drogenrausch wahrhaftig nicht unähnliche Zustand, in den ich beim Yoga gerate. Die eigene Birne wird komplett abgeschaltet. Ich muss keine Entscheidungen treffen, muss nichts gestalten, muss mich gegen niemanden durchsetzen, muss nichts beweisen. Ich tue einfach, was mir von Ambika oder anderen Lehrern und Lehrerinnen gesagt wird. Gebe mich ganz dem Fluss der Übungen und der Musik hin, spüre meinem eigenen Atem, meiner Blutzirkulation oder den Spannungszuständen meiner Muskeln nach. Wenn es darum geht, eins mit dem Universum zu werden, keine Grenzen mehr zu spüren, sondern im gleichen Takt und Rhythmus zu sein wie ein riesengroßer Gesamtorganismus – im Grunde ist das doch so etwas wie ein vorgeburtlicher Zustand. Ja, so muss es gewesen sein, als man noch wie ein glückseliger Embryo im Fruchtwasser dümpelte (jedenfalls solange keine überambitionierten Eltern mit pränataler Mozart-Beschallung für das Heranwachsen eines Hochbegabten sorgen wollten).

Natürlich bleibt mein intensives yogisches Tun nicht ohne Folgen. Aus meinen Yoga-Klamotten kann man den Räucherstäbchenduft zwar rauswaschen, aber irgendwann bin ich – trotz regelmäßiger Körperpflege – auch an Haut und Haar so sehr damit getüncht, dass ich selbst schon als riesiges Räucherstäbchen durch die Gegend renne. Offenkundig auch mit dem beseelten, entrückten Riesenjoint-Ausdruck in den Augen, den ich früher bei den anderen Yoga-Jüngern ausgemacht hatte. Es kommt jedenfalls immer häufiger vor, dass ich mit der Familie am Frühstückstisch sitze und Marianne mich mit einem Fingerschnippen und einem begleitenden »Hallo, bist du noch da?« daran erinnern muss, das Frühstücksbrötchen für Jonas fertig zu machen.

Und wie andere Abhängige giere ich irgendwann nach einer noch stärkeren Dosis, noch intensiveren Reizen. Bei der Betätigung, die ich zunächst kennengelernt habe, handelt es sich um das sogenannte Vinyasa-Yoga. Es existieren darüber hinaus aber noch zahlreiche andere Varianten, die ich unbedingt ausprobieren will. Deshalb suche ich ein Zentrum auf, in dem *Hot-Yoga* betrieben wird. Hierbei ist der Raum auf satte 40 Grad Celsius

aufgeheizt. Dies soll zur tieferen Dehnung, besseren Fettver-
brennung und sogar zur Entgiftung dienen. Für mich eine
Erfahrung, die ich nicht wiederholen möchte. Ich fühle mich
am Ende nämlich nicht geborgen wie im Mutterleib, sondern
so geschlaucht, als hätte man mich durch einen Geburtskanal
hindurchgepresst.

Vielleicht hätte mir diese Erfahrung eine Warnung sein können, aber ich lasse mich dann eben auch auf eine Unterweisung
im *Kundalini-Yoga* ein. Hier werden die Übungen in hohem Tempo
und mit zahlreichen Wiederholungen ausgeführt. Ziel dabei ist
es, die Lebensenergie, die am Ende der Wirbelsäule schlummert,
zu erwecken und durch verschiedene Entwicklungsstadien nach
oben steigen zu lassen, auf dass sie schließlich die Vereinigung
mit Gott erreicht. Ich stelle mir das so vor wie ein Hau-den-Lu-
kas-Spielgerät. Wenn meine Energie bis zu Gott hochgeschossen
ist, denke ich, dann gibt es vielleicht so etwas wie einen fetten
Klingelton, als Zeichen, dass man es geschafft hat. Ich liege
bäuchlings auf dem Boden, will dann, die Hände neben den
Schultern aufgestützt, den Oberkörper zur Kobra-Position auf-
richten, als ich einen äußerst unangenehmen stechenden Schmerz
im Lendenwirbelbereich spüre. Mir ist sofort klar, dass die Stunde für mich damit beendet ist. Ich rolle mich ächzend auf die
Seite. Der diensthabende Yoga-Instruktor ist in diesem Fall keine
große Hilfe. Er murmelt etwas von Energieblockade. Ich wanke
nach Hause. Der Orthopäde, den ich aufsuche, weil der Schmerz
nicht wirklich nachlässt, spricht nach eingehender Untersuchung
von einem Bandscheibenvorfall, einem Überlastungssyndrom
und einer verhärteten Rückenmuskulatur.

»Aber wieso?«, sage ich mit einem Gefühl von Hilflosigkeit.
»Das kann doch gar nicht sein. Ich meine, Yoga ist doch gesund.«

»Ich habe fast jeden Tag Patienten in der Praxis, die das auch
denken.«

Er erzählt mir gleich eine ganze Reihe haarsträubender Geschichten von Menschen, die durch Yoga-Übungen Muskelrisse, Rippenbrüche, ja, sogar Schlaganfälle erlitten haben.

»Und was heißt das jetzt für mich?«

»Absoluter Yoga-Entzug. Kein Hund, keine Kerze, keine Kobra!«

»Und wie lange?«

»Bis Ihre Muskeln wieder in einem entspannten Zustand sind. Ich sage Ihnen gleich: Das kann dauern.«

Und das finde ich nun wirklich gemein. Kaum habe ich eine neue Leidenschaft gefunden, muss ich schon wieder darauf verzichten – und friste mein Leben nunmehr als »trockener Yogi«. Ob mir das schwerfällt? Oh ja! Zumal ich ja weiß, dass ich wie andere Abhängige wohl ein Leben lang süchtig bleiben werde. Und genau wie ein Ex-Raucher den Gedanken an eine Zigarette als einen heftigen Schlag in die Magengrube empfindet, geht es mir auch – und zwar jedes Mal, wenn ich irgendwo jemanden mit einer Matte sehe.

Achtsamkeitsmeditation. Gib mir ein Om!

Bässe wummern. Flaschen klirren, besoffene Jugendliche grölen obszönes Liedgut. All das nachts um zwölf – aber nicht am Kölner Hauptbahnhof, sondern in dem Haus, das Wand an Wand neben unserem steht. Was da los ist? Tinka, Tochter unserer Nachbarn Brigitte und Thomas, feiert in ihren achtzehnten Geburtstag. Wir verkneifen es uns, nach der Polizei zu rufen, weil wir von der Nachbarschaft nicht auf Jahrzehnte als Spießer gebrandmarkt werden wollen, hoffen aber inständig, dass irgendein anderer den Denunziantenjob übernimmt. Was uns doch ein wenig ärgert: dass Brigitte und Thomas sich anscheinend übers Wochenende in die Eifel zurückgezogen haben und uns mit dieser Naturkatastrophe alleine lassen. Jedenfalls glauben wir das, und so bin ich sehr überrascht, Brigitte am nächsten Morgen – ich will gerade zur sonntäglichen Joggingrunde starten – quietschvergnügt aus dem Haus kommen zu sehen.

»Ach, du warst zu Hause?«

»Ja, klar.«

»Und hast … mitgefeiert?«

»Nicht doch, ich saß oben in meinem Zimmer.«

»Hat dir der Lärm denn gar nichts ausgemacht?«, frage ich sie und vermute, dass sie über eine neue Art von Hightech-Oh-ropax verfügt oder aber jemanden kennt, der sie mit ganz erlesenen Betäubungsmitteln versorgt.

»Aber nein. Ich lasse so etwas durch mich hindurchgehen.«

»Du lässt bitte was?«

»Ich nehme den Lärm wahr, aber ich gebe ihm keine Bedeutung mehr. Habe ich in der Achtsamkeitsmeditation gelernt.«

»Achtsamkeitsmeditation«, sinniere ich. »Da geht es doch darum, dass man die Dinge genauso sieht, hört und fühlt, wie man sie sieht, hört und fühlt.«

»Ja … so ähnlich. Jedenfalls kommt man in eine ganz wunderbare Gelassenheit, ist vollkommen bei sich, man tut und bewertet nichts mehr, sondern lässt die Dinge einfach geschehen.«

Da muss ich in der Tat aufmerken. Sollte das stimmen, dann könnte diese Methode auch mein Lebensgefühl revolutionieren. Partykrach in der Nachbarschaft gibt es eher selten, aber Zugverspätungen, täglicher Stau-Wahnsinn im Straßenverkehr und »Lieblingsmensch« im Radio –, all die Dinge, die den gemeinen Meckerdeutschen in mir wachrufen, mich auf die Palme bringen und in die Übersäuerung treiben –, sie würden mir plötzlich nichts mehr ausmachen, und ich könnte trotz dieser Widrigkeiten heiter und gelassen durchs Leben gehen, weil ich sie zwar wahrnehme, aber eben einfach durch mich hindurchgehen lasse.

»Hast du dafür einen Kurs gemacht?«, frage ich Brigitte.

»Wozu? Achtsamkeitsanleitungen gibt es doch als App.«

Irre! Da kann ich aller Sorgen ledig sein und muss vielleicht nur 1,99 dafür bezahlen, oder es gibt sogar eine kostenlose Basisversion! Ich wünsche Brigitte noch einen schönen Sonntag – und viel Spaß beim Aufräumen. Gleich im Anschluss an meine Laufrunde checke ich den Markt der Selbstvertiefungsprogramme. Wie ich sehr schnell feststelle, gibt es nicht nur ein oder zwei, sondern bereits Hunderte entsprechender Anleitungen.

Ich entscheide mich zunächst für eine, die nicht ganz so sehr nach Brahma, Vishnu, Shiva aussieht, sondern etwas moderner und stylisher daherkommt. Man taucht in eine Bilderwelt von Gebirgspanoramen, plätschernden Bächen und waldumsäumten Seen ein. Ganz nett. Dann allerdings ist die Stimme einer Dame zu hören. Sie scheint direkt aus einem Dinkel-Parallel-Universum zu uns herabgestiegen zu sein und trägt überhaupt nicht zu meiner Entspannung bei, sondern macht mich im Gegenteil richtiggehend aggressiv. Weniger mit dem, was sie sagt (»Du wirst lernen, dich selbst in einer völlig neuen Weise wahrzunehmen.«), sondern weil sie es mit einem ich-habe-die-Weisheit-gepachtet-und-bin-freundlicherweise-dazu-bereit-sie-auch-dir-kleinem-Vollidioten-zuteil-werden-zu-lassen-Tonfall vorbringt. Brauche ich gar nicht!

Mehr Glück habe ich bei meinem nächsten Versuch. Da ist die Stimme männlich, wirkt vollkommen abgeklärt. Ich stelle mir einen gereiften und kultivierten Herrn vor, jemanden wie Meister Hora aus Michael Endes *Momo*. Einer, dem ich mich gerne anvertraue, zumal er nichts Übermenschliches von mir verlangt. Er sagt mir, dass ich eine bequeme Sitzposition einneh-

142

men und, zum Zeichen, dass die Meditation beginnt, meine Hände zu Fäusten ballen und wieder entspannen soll.

Dann geht es darum wahrzunehmen, wie Luft durch meine Nase strömt und wie sich die Bauchdecke dabei hebt und senkt. Ich denke: Wow! Ist das jetzt schon Achtsamkeit? Dass ich endlich mal wieder merke: Ach, da ist meine Nase! (Mensch, wie lange habe ich nach der gesucht!) Und da ist mein Bauch! (Wo warst du denn die ganze Zeit?) Und ich atme! (Wie geil ist das denn?) Im Weiteren soll ich das Atmen dann einfach geschehen lassen. Auch das erscheint mir plausibel, denn die meisten Menschen, die das Atmen unterbinden, kriegen über kurz oder lang echte Probleme.

Nach diesen kleinen Vorübungen geht es dann an die wahrhaftige Entspannung. »Du spürst, wie deine Stirn weich wird.« Das spüre ich in der Tat. Aber ... will ich das? Ich meine, geht das auch wieder weg, dieses Weiche? Mit einiger Mühe unterdrücke ich den Impuls, mit den Fingern zu fühlen, wie weich meine Stirn tatsächlich schon geworden ist. »Du spürst, wie sich deine Kaumuskeln lockern und wie dein Unterkiefer entspannt herabhängt ...« Oh ja. Er hängt. Er hängt und hängt und hängt. Er baumelt irgendwo über dem Brustkorb. Meine Augen sind geschlossen, und ich überlege, was für ein Bild ich jetzt wohl gerade abgebe. Ich kann nicht sagen, dass mir dieses Bild gefällt, und suche in Sachen Kieferentspannung einen Kompromiss. Ich lasse ihn hängen, aber sagen wir: auf Halbmast. Damit die Chance besteht, dass ich ihn irgendwann auch wieder hochkriege.

Von meinem Unterkiefer soll sich die Entspannung auf den restlichen Körper ausbreiten. Arme und Beine werden schwer, auch belastende Gedanken lass ich jetzt einfach mal los. Ich wehre mich erst dagegen, aber dann steigen sie wie ein Heliumballon in den Himmel. Und so ungewohnt dieses Loslassen anfangs auch erscheint – ich beginne, Gefallen daran zu finden. Ich versinke in meiner Couch, und vor meinem inneren Auge sehe ich, wie eine Wolke meinen Ärger über feiernde Nachbarkinder verschluckt.

Schließlich bekomme ich noch eine Grundhaltung mit auf den Weg gegeben, die ich mir vergegenwärtigen soll, wenn mir – scheinbar – Unangenehmes widerfährt. Sie lautet: »Shit happens. Dinge ändern sich. Nimm es nicht persönlich!«

Als die Session schließlich beendet ist, fühle ich mich … doch, ja, recht entspannt, ausgeruht und eigentlich ganz wohl in meiner Haut. Auch der Unterkiefer ist wieder da, wo er hingehört.

Ich schaue nach, ob die Achtsamkeits-App irgendeine Leistungskontrolle bietet, wo so etwas wie die zurückgelegte Achtsamkeitsstrecke angezeigt wird, eine Art »Nirvanometer«.

(Schon, damit man auf Facebook auch was posten kann. Wie etwa: »Hallo, Freunde, ich bin gerade voll achtsam gewesen und habe ganze 37 Mal meine Nase wahrgenommen.«

Bestimmt muss man damit rechnen, von Achtsamkeitsprofis mit herablassenden Kommentaren gedisst zu werden: »Nur die Nase? Anfänger! Was ist denn mit deinen Ohren, dem linken großen Zeh und der Nebennierenrinde? Mach's richtig, oder lass es bleiben!«)

Auch ohne Leistungskontrolle fühle ich mich aber nach einiger Zeit der Übung reif für eine längere Meditation, bei der ich mir vornehme, mich wirklich durch gar nichts aus der Ruhe bringen zu lassen. Damit mir das auch gelingt, will ich dabei die heilige mantrische Silbe »Om« sprechen.

Als ich mich dann gerade in eine Grundentspannung hineingeatmet habe, klingelt das Telefon: Eine gute Gelegenheit, zu zeigen, dass ich schon ein echter Achtsamkeits-Crack bin. Ich bin entschlossen, die Dinge geschehen und durch mich hindurchgehen zu lassen. Also klingelt das Telefon – »Om«, ich lasse es klingeln …

Der Anrufbeantworter springt an. Mariannes Stimme ist zu

hören: »Hallo? Du bist doch da. Geh doch mal ran! Ich komme ein bisschen später vom Trommelkurs nach Hause. Sorg bitte dafür, dass Felix und Jonas ihre Hausaufgaben machen und nicht schon wieder stundenlang im Keller mit dem Kicker spielen.«

»Om«, ich spüre, wie die eingeatmete Luft an meiner Nasenscheidewand entlangstreicht.

Lachen, Schreien und polternde Geräusche sind zu vernehmen. Felix und Jonas spielen im Keller, sie malträtieren offenbar das Tischfußballspiel.

»Om«, ich lasse diese Geräusche durch mich hindurchgehen...

Es klingelt an der Tür. Das sind wohl Freunde von Felix und Jonas, die zu Besuch kommen. Lachen, Schreien und polternde Geräusche werden lauter.

»Om«, ich vertraue auf die selbstorganisierenden Kräfte des Universums...

In das Lachen, Schreien und die polternden Geräusche mischt sich nun die Stimme einer Frau. Aha, Marianne ist doch schon da. »Sagt mal, was ist denn hier los? Seid ihr noch zu retten, hier so einen Krach zu machen? Und überhaupt. Felix und Jonas müssen jetzt Hausaufgaben erledigen, ihr anderen geht bitte nach Hause. Wo ist eigentlich Papa?«

»Om«, ich spüre, wie sich meine Bauchdecke hebt und senkt. Und hebt und senkt...

Ein lautes Krachen. Felix ist offenbar sauer und hat sich in seinem Zimmer verbarrikadiert. Er macht Musik an und dreht sie auf volle Lautstärke. Deep Purple, *Smoke on the Water*.

»Om«, ich bin im Zustand der Tiefenentspannung, in dem die Dinge mich weder positiv noch negativ berühren, sonst würde ich jetzt nämlich sagen: toll, dass der Junge sich an Papas Musikgeschmack orientiert...

Die Zimmertür fliegt auf. Es ist Marianne. »Sag mal, bist du völlig gaga? Hier fliegt uns das Haus um die Ohren, und du hockst da und, und … was machst du da eigentlich? Hallo? Hallo???!!! Ich flippe aus.« Mit einem lauten Knall fliegt die Tür wieder zu.

»Om«, ich denke an buddhistische Mönche, die sich über Jahrzehnte in der Kunst der Versenkung geübt haben und neben denen man ein Kanone abfeuern kann, ohne dass es bei ihnen auch nur eine reflexhafte Reaktion des Nervensystems gibt…

Zusätzlich zu Deep Purple (inzwischen läuft Highway Star) ist jetzt das Scheppern und Krachen diverser Trommeln und anderer Perkussionsinstrumente zu vernehmen. Marianne. Sie flippt tatsächlich aus.

»Om«, ich spreche das Mantra: »Shit happens. Dinge ändern sich. Nimm es nicht persönlich!«

Jetzt hören wir Iron Maiden. The Number of the Beast. Und Trommeln, die ihren eigenen Rhythmus verfolgen. Dazu ein schreiendes Kind. Das muss Jonas sein. In all das mischt sich das wiederholte Schrillen der Türklingel. Schließlich eine über Lautsprecher verstärkte Männerstimme: »Achtung, Achtung, hier spricht die Polizei! Bitte öffnen Sie die Tür, da wir sonst von einer Notlage ausgehen und die Tür mit Gewalt aufbrechen müssen.«

»Om«, ich habe das Gefühl, dass es vielleicht doch nicht ganz verkehrt wäre, mal eben nach unten zu gehen. Aber ich bin schon ein klein wenig verstimmt. Kann man denn hier nicht mal ein Viertelstündchen meditieren, ohne dass irgendein gottverdammter Spießer aus der Nachbarschaft nach der Polizei ruft?

Ich kann den Herren mit den Schirmmützen versichern, dass Ruhe und Ordnung in diesem Haus umgehend wiederhergestellt werden. Sie rücken ab. Auf dem Rückweg in mein Zimmer begegne ich Marianne. »Ich glaube, wir sollten uns mal unterhalten«, blafft sie mich an.

Und mir wird in diesem Moment noch einmal klar, warum die wahre Versenkung eben doch dem in strengem Zölibat lebenden Mönch vorbehalten ist: Ein Entspannungszustand mag noch so tief sein – ein einziger Satz der wütenden Gattin reicht aus, um ihn wieder zunichtezumachen.

»Wir müssen reden!« Audienz beim Beziehungspapst

Die heimische Atmosphäre ist an diesem Tag doch recht spannungsgeladen – um es sehr vorsichtig auszudrücken. Das Gespräch, das Marianne mir angedroht hat, wirft Schatten voraus, die ich als sehr bedrohlich wahrnehme. Da ist die Zornesfalte auf ihrer Stirn. Die Tatsache, dass sie mir kaum mehr in die Augen schaut und ein »Bitte« oder »Danke« bei Tisch nur mit Mühe über die Lippen bekommt. Offenbar erwartet mich ein Tribunal (wenn nicht gar ein stalinistischer Schauprozess), bei dem ich der Angeklagte bin und bei dem das Urteil von vornherein feststeht: schuldig in allen Anklagepunkten.

Als ich mich schließlich mit Marianne zusammensetze, schlage ich eine sehr defensive Verhandlungstaktik ein, gebe mich einsichtig, ja, geradezu kleinlaut, und versuche, ihr mit einem frühen Schuldeingeständnis den Wind aus den Segeln zu nehmen: »Mir ist natürlich klar, dass ich da bei den Kindern viel früher hätte einschreiten müssen.«

»Ach, darum geht's doch gar nicht.«

»Nicht?« Ich bin verblüfft. »Aber worum geht es dann?«

»Es geht darum, dass sich hier seit Wochen und Monaten alles immer nur um dich dreht. Dass du mich und die Kinder gar nicht mehr wahrnimmst, sondern in einem völlig eigenen Film lebst. Und wenn man mal denkt, dass du endlich eins von deinen Projekten abgeschlossen hast, dann ist gleich wieder das nächste dran. Und ich kann sehen, wie ich hier mit den Jungs zurechtkomme.«

Die Lage ist ernster, als ich dachte.

»Du hast mich doch selbst dazu ermutigt, mich in bestimmten Dingen weiterzuentwickeln«, gebe ich vorsichtig zu bedenken.

»Ja, aber wenn ich geahnt hätte, dass du dich dadurch zu einem Mann entwickelst, der sich nur noch selbstverliebt vor dem Spiegel hin und her dreht, dann hätte ich die Schnauze gehalten.«

Selbstverliebt? Das empfinde ich als unangemessen, ungerecht und verletzend. In trotzigem Ton kontere ich: »Es gibt auch einige Sachen, um die ich mich sehr regelmäßig kümmere.«

»In der Tat, ja. Du räumst auf und putzt und saugst, aber dabei geht es dir doch auch nur um dich, weil du es am Ende des Tages auch gemütlich haben möchtest und noch dazu dein Schrittvolumen vollkriegst.«

»Dann musst du mir eben sagen, was ich machen soll.« Ich bin jetzt auch verstimmt.

»Herrgott noch mal, begreif das doch! Dafür will ich nicht auch noch zuständig sein. Ich bin doch nicht die Mutter der Kompanie, die auch für dich noch das Denken übernehmen muss. Da sind schon zwei Kinder, ich brauche kein drittes.«

Wer weiß, was für hässliche Worte noch fallen würden, aber in dem Moment klingelt das Telefon.

»Das ist meine Mutter, die da anruft. Um die muss ich mich ja auch noch kümmern. Es kann länger dauern. Brauchst nicht auf mich zu warten.«

Mit diesen Worten schnappt Marianne sich das Telefon und verschwindet in ihrem Zimmer.

Hoppla! Da läuft gerade was richtig aus dem Ruder. Ich werde wohl irgendwie reagieren müssen, sonst sehe ich mich schon als depressiven Scheidungspapi mit zwei sprachlosen und verstörten Kindern am Samstagnachmittag bei McDonald's sitzen. Also denke ich nach: Was waren das doch gleich für Dinge, mit denen man einer Frau zeigt, dass man sie abgöttisch liebt? Strauß Blumen? Wellnesswochenende an der See? Romantisches Dinner bei Kerzenlicht? Okay, ich kann jetzt nicht gleich mit einer gebuchten Südsee-Kreuzfahrt um die Ecke kommen, aber irgendetwas Nettes wird mir doch einfallen? Sicher doch. Gleich am nächsten Tag lege ich los, bereite für den Abend eines unserer aktuellen Lieblingsessen vor – Lasagne – und statte den großen Esstisch im Wohnzimmer mit einer so festlichen Dekoration aus, dass er es mit jedem Bankett aufnehmen könnte. Ja, ich will ein Zeichen setzen und finde, das habe ich richtig schön gemacht!

Als Marianne dann am frühen Abend von einem Termin zurückkommt, bin ich natürlich sehr auf ihre Reaktion gespannt – aber die könnte kaum ernüchternder ausfallen:

»Was soll das denn jetzt?«

»Na, ich dachte, ich mache uns allen etwas Schönes zu essen.«

»Aber ich muss doch gleich zum Elternabend. Felix kommt erst spät vom Training, weil die eine Präsentation ihrer neuen Trikots haben, und Jonas ist gar nicht da, weil er heute bei einem Freund übernachtet. Darüber haben wir doch heute Morgen noch gesprochen.«

Ein über meinem Kopf ausgeleerter Eimer mit eiskaltem Wasser könnte sich kaum unangenehmer anfühlen.

»Das ist genau das, was ich meine«, setzt Marianne nach. »Es gibt hier jeden Tag tausend konkrete Dinge, um die man sich kümmern muss: Haben die Jungs ihre Schulranzen gepackt? Machen sie ihre Hausaufgaben? Wer fährt sie zum Training? Aber du kriegst das alles gar nicht mit. Das funktioniert so nicht. Ich brauche niemanden, der hier alle Jubeljahre mal ein Festessen veranstaltet. Ich brauche einen Mann, der an unserem Leben teilnimmt. Überleg dir bitte, ob du dieser Mann sein willst!«

Marianne hat jetzt Tränen in den Augen, dampft Richtung Elternabend ab und lässt die Tür mit vernehmlichem Krachen ins Schloss fallen.

So selten ich sonst zu derlei Verzweiflungstaten neige: An diesem Abend brauche ich einen Grappa. Und dann gleich noch einen. (Auch als Verdauungshilfe für eine ziemlich große Portion Lasagne.) Und nach dem Dritten komme ich auf den Gedanken: Es wäre gut, wenn mir jemand helfen könnte.

Da kommt im Grunde auch nur einer in Frage. Ein Therapeut, der hier im Viertel niedergelassen ist. Er soll in unserem näheren Umfeld schon mehr als eine Ehe gerettet haben. Wer immer von ihm spricht, tut das mit einem geheimnisvollen Raunen, und er wird von allen nur »Beziehungspapst« genannt.

Als ich ihn tags darauf zu erreichen versuche, meldet sich ein Anrufbeantworter. Die Stimme auf dem Band nennt ein Zeitfenster von sage und schreibe zwanzig Minuten, in dem er am kommenden Dienstagmittag telefonisch auch direkt erreicht werden kann. Der hat Nerven! Mir droht gerade der akute Beziehungsinfarkt. Ich bin ein Fall für die Notaufnahme und soll mich jetzt noch tagelang gedulden? Was, wenn es dann schon zu spät ist?

Als ich den Papst dann tatsächlich am Hörer habe, gibt er mir auch noch die folgende Auskunft: »Einen regulären Termin in der Praxis kann ich Ihnen im Moment nicht anbieten; ich bin ausgebucht. Die einzige Möglichkeit, die es derzeit gibt, wäre ein Kriseninterventionsgespräch. 30 Minuten. Telefonisch. Bei Bedarf auch wiederholt.«

Auch bis zu dieser Akutbehandlung dauert es noch, aber natürlich nehme ich, was ich in meiner prekären Lage kriegen kann. Abgesehen davon: Krisenintervention. 30 Minuten. Das klingt nach entschlossenem und zielgerichtetem Handeln. Als wäre ich hier genau an der richtigen Adresse: beim Red Adair für Partnerschaftskonflikte. Einem Mann, der genau weiß, wo man eine Ladung TNT zünden muss, um aus der in Brand geratenen Ölquelle der Liebe wieder eine romantisch flackernde Kerze zu machen.

Also erzähle ich von meiner Selbstoptimierungsreise und von den Vorwürfen, die Marianne mir macht, von meinem misslungenen Versuch der Wiedergutmachung...

Der Beziehungspapst lacht sich kaputt.

»Sie sind also dabei, als nicht mehr ganz junger Mann sportlich, gut aussehend und dazu auch mental ausgeglichen zu werden...«

»Ja, so ungefähr könnte man das sagen.« Ich bin etwas irritiert. Was gibt es denn da zu lachen? Ich habe hier ein existenzielles Problem.

»...und jetzt wollen Sie eben noch nachholen, bei alldem auch ein Frauenversteher zu sein?«

»Ist denn daran irgendwas verkehrt?«

»Höchstens die Tatsache, dass Sie erwarten, von Ihrer Frau auch dafür angehimmelt zu werden.«

»Moment! Um Bewunderung geht es mir doch nicht.«

»Wenn es Ihnen nicht um Bewunderung geht, dann bauen Sie kein Festbankett auf, sondern sorgen Sie dafür, dass die Kinder sich die Zähne putzen.«

»Ach so.«

»Sie haben das große Glück, dass Ihre Frau Ihnen schon ziemlich präzise sagt, worauf es ihr ankommt. Man könnte sagen, dass sie eine Männerversteherin ist.«

»Aber warum dann die Vorwürfe?«

»Betrachten Sie die als ein Kommunikationsangebot.«

»Ein ganz schön heftiges.«

»Das zeigt, wie groß das Interesse Ihrer Frau an Ihnen ist.«

»Das ist ja schön.«

»In der Tat.«

»Heißt das denn, ich soll jetzt auf Sachen wie Sport, Meditieren oder Ähnliches verzichten?«

»Im Gegenteil. Das müssen Sie beibehalten. Sie sind ein Mann. Sie sind in einer Mission unterwegs. Eine, für die Ihre Frau Sie vermutlich auch sehr bewundert. Diese Mission dürfen Sie nicht aufgeben, sonst würden Sie sich selbst kastrieren.«

»Ja aber, wie soll ich denn dann den Konflikt lösen?«

»Betrachten Sie Ihre Familie mal als ein Unternehmen, in dem Sie der Chef sind. Würde es Sie dann interessieren, was Ihre Mitarbeiter den ganzen Tag so machen und ob sie noch motiviert bei der Sache sind?«

»Ja, logisch.«

»Prima. Dann gehen Sie doch einfach mal einen Tag lang als Chef durchs Haus. Aber als einer, der auch mit anpackt, wenn er sieht, dass es notwendig ist.«

»Okay.«

»Und dann betrachten Sie Ihre Frau als den Kompagnon, mit dem Sie das Unternehmen gemeinsam führen.«

»Und dann wird alles gut?«

»Dann werden Sie anfangen, mit Ihrer Frau über konkrete Dinge zu verhandeln, und vermutlich werden sich Ihre Prioritäten etwas verändern.«

»Das ist alles?«

»Das sind erste Schritte. Wenn Sie wollen, können wir gerne einen weiteren Termin vereinbaren.«

»Bitte ja! Also … sicherheitshalber.«

Tags darauf schreite ich dann als Chef durchs eigene Haus und sehe gleich, dass hier doch einiges im Argen liegt. Die Jungs pfeffern nach der Schule Ranzen und Klamotten achtlos in die Ecke. In ihren Zimmern herrscht das Chaos. Das kümmert sie allerdings herzlich wenig; sie hängen spielend am Computer oder einer Konsole. Hier ist offenbar ein entschlosseneres Alltagsmanagement gefragt. Ich versuche erst einmal zu ergründen, welche Aufgaben sie gerade für die Schule zu machen haben. Im Verlauf einer längeren Befragung lässt Felix sich die Information entlocken, dass er am folgenden Tag eine Französisch-Arbeit schreibt. Also übe ich mit ihm Vokabeln. Von Marianne weiß ich, dass es sinnvoll ist, ihn beim Packen seines Ranzens zu beaufsichtigen. Außerdem müssen Fußballtrikots gewaschen werden. Man könnte bestimmt eine Vollzeitkraft damit beschäftigen, den Laden zu schmeißen, aber das ist ja nicht der Sinn der Sache. Immerhin gelingt es mir, die Jungs mit einzubeziehen, als es darum geht, die gewaschenen Trikots zum Trocknen aufzuhängen. So habe ich zumindest das Gefühl, dass ein erster Schritt in die gewünschte Richtung getan ist. Was mir in unserem nächsten Gespräch auch der Beziehungspapst bestätigt.

»War das nun anstrengender, als Sie dachten?«, möchte er wissen.

»Definitiv.«

»Dann war Ihnen auch nicht klar, was Ihre Frau in der Hinsicht alles zu leisten hat?«

»Nicht wirklich.«

»Für Ihre Frau ist es nun aber ebenso wichtig wie für Sie, gesehen und wertgeschätzt zu werden. Und zwar in dem, was sie für die Familie leistet, wie auch darin, eine begehrte und umworbene Frau zu sein. Und das ist sie doch?«

»Definitiv. Ja!«

»Dann dürfen Sie ihr das gerne zeigen!«

»Okay«, rekapituliere ich. »Es geht also um Teilhabe am Alltag und um Anerkennung. Könnte man sagen...« (Ich traue mich kaum, die Frage zu stellen.) »...dass dies eigentlich ganz banale Dinge sind?«

»Dinge, die nicht ganz leicht zu bewerkstelligen sind, wenn das Kind erst einmal im Brunnen liegt. Ansonsten aber gebe ich Ihnen recht. Doch möchte ich Sie inständig bitten, das nicht weiterzutragen.«

»Warum denn nicht?«

»Na, überlegen Sie mal: Wären die Paare dieser Welt so klug, täglich nur 15 Minuten über ihren Alltag zu sprechen, sich auch mal Unternehmungen wie einen gemeinsamen Kinobesuch zu gönnen und einander zu zeigen, dass sie sich wertschätzen – ich müsste mir als Beziehungstherapeut einen neuen Job suchen.«

»Alles klar. Habe verstanden. Von mir erfährt keiner was.«

»Danke.«

Nach diesem Gespräch bin ich einerseits ermutigt, andererseits beunruhigt. Und zwar hinsichtlich der Frage, wie tief das Kind wohl bei uns im Brunnen liegt. Wenn ich mich mit Marianne wieder versöhnen möchte – so viel ist klar –, wird es nicht mit Kinokarten und einem Strauß Blumen getan sein; da muss ich ihr schon etwas Substanzielles anbieten, aber das will ich ja auch. Diesmal bin ich derjenige, der das Gespräch sucht: »Ich würde dir gerne«, sage ich, »einen Vorschlag zur weiteren Gestaltung unserer Alltagsorganisation machen.«

Marianne hebt die Augenbraue. »Das ist ja mal ein Wort. Wie kommt es denn dazu?«

»Och, ich habe ... nachgedacht.«

»Okay. Wie sähe denn dein Vorschlag aus?«

»Ich würde am Montag, Dienstag und Mittwoch die Betreuung von Jonas und Felix in Sachen Hausaufgaben und Trainingsvorbereitung übernehmen.«

Marianne ist beeindruckt.

»Weißt du denn auch, auf was du dich einlässt? Bist du sicher, dass du dem gewachsen bist?«

»Spontan hat es ganz gut funktioniert. Es kann aber durchaus sein, dass ich dich in akuten Notfällen mal um Hilfe bitten muss.«

»Dafür wäre ich dann auch ansprechbar. Abgesehen davon – nehme ich das Angebot an.«

Es wäre übertrieben zu sagen, dass von nun an eitel Sonnenschein bei uns herrscht, aber die häusliche Atmosphäre beruhigt sich doch spürbar. Ich beherzige, was mir der Beziehungspapst zum Thema Anerkennung mit auf den Weg gegeben hat, und sage Marianne bei geeigneten Gelegenheiten immer wieder Dinge wie: »Hey, du siehst gut aus.«

Der Preis, den ich für meine neuen Verantwortlichkeiten zu zahlen habe, ist, dass ich die ein oder andere Laufrunde ausfallen lassen muss. Ich zahle ihn gerne. Denn was nützt mir noch der größte Erfolg als Hobbysportler, wenn meine eigenen Söhne mich nicht mehr kennen? Und ich genieße die Momente, in denen ich das Gefühl habe, dass alles wieder gut und wirklich in der Balance ist.

Etwa, als ich Felix beiläufig darauf anspreche, mir beim Vorbereiten des Abendessens zu helfen. Der Junge reagiert anfangs auch eher unwillig darauf. Dann aber packt ihn aus irgendeinem Grund ein wahrer Feuereifer. Er will seine Sache gut machen. Drapiert Servietten, Gläser, Besteck, am Ende sogar Kerzen mit solcher Akribie – dass unser Abendbrottisch es schließlich mit jedem Bankett aufnehmen könnte. Ein i-Tüpfelchen scheint noch zu fehlen. Ich kann es dann (gerade noch) beisteuern. Und auch wenn sie an diesem Abend nur vom Lieferservice kommt – ich erinnere mich nicht, dass es jemals eine Lasagne gab, die mir besser geschmeckt hätte.

Das innere Zwiegespräch.
»Ach, sei doch bitte lieb zu dir!«

»Du bist ein Penner!«

»Komm endlich vom Sofa runter!«

»Wenn du fauler Sack weiter so rumgammelst, wirst du die Steuererklärung nie fertig kriegen!«

Niemand kann mich so wirkungsvoll beschimpfen, wie ich das selber tue.

Sei es, dass ich als Kabarettist auf der Bühne stehe und mein

Publikum erreichen will oder als Sportler auf der Tartanbahn eine gute Figur machen möchte – wenn die Dinge mal nicht so laufen, wie sie es sollen, ist da diese Stimme im Ohr, die mich fertigmacht – unerbittlicher als jeder Kritiker, hämischer als der fieseste Diskussionsforen-Troll und eisiger als Marianne, wenn die Wut sie gepackt hat. In so einem Ton spricht jemand, der mir den Mut nehmen, mir jegliche Zuversicht rauben und mir stattdessen das Gefühl geben möchte, ein totaler Versager zu sein – und leider gelingt das diesem Jemand mit deprimierender Verlässlichkeit. Wer da spricht? Nun, es ist so etwas wie ein innerer Saboteur, ein Agent der dunklen Seite meines Ichs, vielleicht ja sogar... der innere Schweinehund persönlich. Er sagt mir: »Typisch! Du hast es mal wieder total verbockt. Nie gelingt dir was! Woher nimmst du niedere Lebensform eigentlich die Frechheit, das Antlitz dieses Planeten mit deiner erbärmlichen Existenz zu besudeln?«

Was mir allerdings Mut macht, ist die Tatsache, dass ich nicht der einzige Mensch auf der Welt bin, der sich mit so einem Scheusal herumschlagen muss. Dass es mittlerweile viele Erkenntnisse über diesen Verbrecher gibt und dass man ihn nicht nur an die Kette legen, sondern ihn zähmen, umprogrammieren und am Ende sogar für die eigenen Zwecke einspannen kann. So wird es jedenfalls von zahllosen prominenten Vorbildern, Lebenshelfern und Coaches behauptet.

Weil ich gerne lernen möchte, wie das funktioniert, versuche ich mir alles anzueignen, was es an Menschheitswissen zum Thema »inneres Selbstgespräch« gibt. Es ist eine Menge. Ich arbeite mich durch einen ganzen Stapel von Ratgebern und Tutorials. Das fängt (ungelogen!) mit der Apotheken-Umschau an und hört bei Oliver Kahns *Erfolg kommt von innen* noch lange nicht auf. Ich besuche sogar einen Vortrag von Box-Legende Henry Maske. »Siege entstehen im Kopf« lautet sein Motto, und er schildert die Vorbereitungen auf einen Kampf, vom Fitnessprogramm über die Ernährung bis zur Analyse der gegnerischen Kampfweise. Wenn er schließlich durch die Ringseile gestiegen ist, so Maske, dann mit dem Gefühl, »ich habe alles getan, um hier zu gewinnen«.

Aus all den unterschiedlichen Ansätzen, die ich dabei kennenlerne, schält sich nach und nach tatsächlich eine Strategie heraus, mit der man den fiesen Möpp in seinem Inneren in den Griff bekommen kann.

Zunächst einmal muss man diesen Widersacher studieren, muss sich klarmachen, wie er tickt und mit welchen heimtückischen Methoden er arbeitet. Also beobachte ich meinen inneren Schweinhund, den ich im Folgenden kurz »Schweini« nennen will; ein Name, der anklingen lässt, dass er durchaus seine Qualitäten hat und eben auch ein guter Kamerad und Kumpel sein kann – wenn man es denn richtig anstellt. Ich notiere insbesondere, mit welcher Art von Bemerkungen er sich zu Wort meldet, und kann nach und nach die folgenden Muster herausarbeiten:

1. Er kennt nur die Alles-oder-nichts-Option.
Seine Sätze beinhalten zumeist ein »immer«, »alles«, »nie« oder »nichts«. »Du machst aber auch wieder mal alles verkehrt!« »Nichts kriegst du auf die Reihe.« »Du wirst nie wirklich erfolgreich sein!« Die Zwischentöne des Lebens? Differenzierungen? Abstufungen? Sind seine Sache nicht. Und alles, was nicht von einem makellos strahlenden Weiß ist, ist dann eben schwarz.

2. Er nimmt ausschließlich die negativen Dinge wahr.
Er ist ein Trüffelschwein, das man auf die verfaulten Knollen abgerichtet hat. Der Saal, in dem ich auftrete, ist ausverkauft und voller Leute, die gut drauf sind? Kein Problem. Schweini kriegt es hin, meine Aufmerksamkeit auf diesen einen einzigen

Typen in der zweiten Reihe zu lenken, der irgendwie missmutig guckt. Die Botschaft dazu: »Leute, die sich über dein Programm amüsieren, sind schwachsinnig, niveaulos oder stehen unter Drogen. Der Typ in Reihe zwei aber zeigt dir, was die Wahrheit ist: Du bist scheiße.«

Und Schweini wird auch zu verhindern wissen, dass ich zum Beispiel ein Kompliment von anderen dankend annehme. Sollte jemand zu mir sagen: »Coole Jacke, die du da anhast!«, knurrt Schweini mir ins Ohr: »Siehst du, er mag deine Hose nicht!«

3. Für alles macht er mich verantwortlich.

Ich bin draußen unterwegs und werde nass, weil es unvermittelt regnet? Schweini sagt mir: »Du bist schuld! Weil du nicht früher losgegangen bist. Keinen Schirm dabeihast. Und weil jemand, der clever ist, die Sache bestimmt auch online hätte erledigen können. Wirklich – wie kann man nur so blöd sein?«

4. Er hat immer alles schon vorher gewusst.

»Das war ja klar!« »Hättest du dir doch denken können, dass das nichts wird!« »Das musste ja schiefgehen!« Schweini ist derjenige, der sich über jeden Rückschlag, jedes Missgeschick, jeden peinlichen Ausrutscher insgeheim diebisch freut – schon allein deswegen, weil er sich dadurch in seinem schiefen Bild von mir bestätigt fühlen darf.

5. Er stellt die schlimmste aller Folter-Fragen: Warum?

»Warum bist du nicht cleverer gewesen?«

Da stelle ich mir doch die Frage: Möchte ich es wirklich zulassen, dass so ein ekelhafter Drecksack Macht über mein Leben ausübt? Die einzig angemessene Antwort darauf ist natürlich ein dreifach donnerndes »Nein!«.

Und das soll mich dann zum nächsten Schritt führen, nämlich zu dem Entschluss, das innere Zwiegespräch selbst in die Hand zu nehmen.

Zuerst denke ich, es könnte vielleicht genügen, Schweini das Wort zu entziehen, ihm einen Maulkorb zu verpassen und ihn in einem düsteren Verlies einzusperren. Aber das funktioniert nicht. So dick können selbst die trutzigsten Verlieswände nicht sein, dass sein Mäkeln, Murren und Miesmachen nicht doch hindurchdringen würde.

Nein, da er so etwas wie ein irrlichternder Teil meines Selbst ist, muss ich ihn vielmehr annehmen, nach Hause bringen und zu einem Teil der Truppe machen. Dazu unternehme ich etwas, das zunächst widersinnig klingt: Ich werte ihn auf. Ja, ich stelle mir vor, dass Schweini, der sich gerade noch als schmuddeliges Viech motzend in seinem Schlammloch gesuhlt hat, eine andere Gestalt annimmt. Er wird zunächst einmal grundgereinigt. (Gerne mit einem Dampfstrahler; doch, das gönne ich ihm.) Dann kriegt er eine schmucke Uniform angezogen, steht nunmehr mit frisch gekämmten Borsten vor mir stramm und antwortet auf jede meiner Bemerkungen mit einem knallenden »Sir, jawohl, Sir!«.

Und dann lege ich los und mache ihm klar, wie er zu funktionieren hat: »Schweini, du bist ab jetzt Teil der Truppe und wirst von mir mit wichtigen Aufgaben betraut. Wirst du alles tun, um dich dieser Aufgaben würdig zu erweisen?«

»Sir, jawohl, Sir!«

»Bestens. Dann hör gut zu: Egal, was ich künftig zu erledigen habe, ob es darum geht, den Müll rauszutragen oder den ersten bemannten Flug zum Mars zu kommandieren – du bist mein Lotse und Navigator und wirst mir verlässlich sagen, welcher Schritt als nächster zu tun ist. Verstanden?«

»Sir, jawohl, Sir!«

(Tatsächlich kann dies eine der vornehmsten Aufgaben unserer inneren Stimme sein, die sogenannte »Selbstinstruktion«. Sie trägt mit dazu bei, dass wir uns auf eine Aufgabe konzentrieren und sie dann auch zu Ende bringen.)

»Weiter. Sollten meine Kräfte einmal nachzulassen drohen, dann bist du derjenige, der mich aufbaut, mich motiviert und dafür sorgt, dass meine Energie oben bleibt.«

»Sir, jawohl, Sir!«

(Hierfür gibt es auch den Begriff der Autosuggestion. So nutzen zum Beispiel Marathonläufer die innere Stimme, um sich mit einem pausenlos wiederholten Mantra Kraft zum Durchhalten zu geben; etwas in der Art wie »jeder Schritt bringt Energie zurück«. Das ist natürlich eine Aussage, die einer streng wissenschaftlichen Überprüfung kaum standhalten würde – aber das gilt für Schweinis frühere Sprüche ja auch.)

»Deine dritte Aufgabe, Schweini, stellt hier sicherlich die größte Herausforderung dar: Für jede meiner Aktivitäten, sollte sie noch so klein und unbedeutend scheinen, wirst du mich fortan nicht mehr kritisieren, sondern du wirst mir im Gegenteil ein dickes Lob dafür spenden.«

»Hö, hö, das werden wir ja sehen.«

»W i e   b i t t e ? ? ? ! ! !«

»Sir, jawohl, Sir.«

»Beispiel: Ich bin mit meiner Schlagbohrmaschine eine Woche zugange, um einen Sechs-Millimeter-Dübel in der Wand zu versenken. Du sagst mir: ›Hey, das hast du gut gemacht.‹«

»Und wenn du das Loch im falschen Zimmer gebohrt hast?«

»Dann wäre es deine Aufgabe gewesen, mich rechtzeitig darauf hinzuweisen.«

»Ach so … Ich meine: Jawohl, Sir.«

»Oder ich gehe einkaufen. Und finde die Strauchtomaten. Ohne dass ich dreimal bei Marianne anrufen muss. Du sagst: ›Herzlichen Glückwunsch!‹ – auch wenn ich eigentlich Brokkoli kaufen sollte.«

»Sir, jawohl, Sir.«

»Ich bringe zum Hochzeitstag Blumen mit. Und kriege von dir uneingeschränkte Anerkennung! Und wenn es der Hochzeitstag mit der Exfrau war...«

»...muahahah, dann lache ich mich so was von schlapp!«

»Schweini! Ich habe gar keine Exfrau!!!«

»Äh, richtig! Natürlich nicht. Entschuldigung. Ich hab's verstanden, jawohl, Sir.«

So also werde ich jetzt durchs Leben gehen. Mit einem inneren Begleiter, der mich in jeder erdenklichen Weise unterstützt und der mir richtig guttut.

Ob das funktioniert? Durchaus! Wobei sich zeigt, dass es sehr sinnvoll gewesen ist, Schweini die Sache mit dem Loben so ausführlich zu erklären. Das macht er nämlich zu meiner vollsten Zufriedenheit. Mit den anderen Aufgaben ist er bisweilen noch etwas überfordert. Insbesondere das mit dem Instruieren scheint irgendwie nicht sein Ding zu sein.

Ich möchte deswegen auch jede Verantwortung von mir und vielmehr darauf hinweisen, dass Schweini versagt hat, dass einzig und allein er die Schuld daran trägt, dass meine Steuererklärung auch Wochen später immer noch nicht fertig geworden ist.

1. Der Facebook-Check

Wenn ich über meine Aktivitäten in Sachen Balance berichte, ist die Resonanz immer sehr hoch und übertrifft sogar die aus dem Bereich Fitness noch deutlich. Im Vergleich zu sonstigen Beiträgen ist ein durchschnittliches Plus von satten 185 Prozent zu verzeichnen. Für mich ein Indiz dafür, dass das Leiden an Stress und Reizüberflutung für viele ein Thema und der Wunsch nach Rückzug und Selbstbesinnung groß ist.

Bei diesem Thema sind es zum überwiegenden Teil Frauen, die mit Likes und Kommentaren auf die Beiträge reagieren. Ob das nun heißt, dass ich unter den Männern zu den Trendsettern gehöre oder gerade dabei bin, mich als Weichei zum Gespött meiner Geschlechtsgenossen zu machen, muss sich erst noch rausstellen.

2. Fühle ich mich besser?
Eindeutig ja! Mehr als einmal musste ich meine Skepsis überwinden, konnte dadurch aber viele neue und wertvolle Erfahrungen

machen. Da, wo es darum ging, zu entspannen, zur Ruhe zu kommen, Konzentration und Fokus wiederzufinden, hat das eigentlich immer funktioniert. In aller Regel habe ich mich körperlich und geistig erholt und erfrischt gefühlt. Und das Beste: Nachdem ich zum Beispiel das Grundprinzip der Meditation einmal begriffen habe, kann ich sie bei unzähligen Gelegenheiten anwenden – selbst wenn dafür mal nur ein paar Minuten zur Verfügung stehen sollten.

3. Was sagt Marianne?

Dass es nun ausgerechnet die meditative Versenkung war, die bei uns zu einem echten häuslichen Krach geführt hat (und das ja auch noch im doppelten Wortsinne), ist nicht ohne Ironie. Aber wie gesehen, hatte ja gerade das im Endeffekt seinen Sinn, und ich habe etwas Wichtiges gelernt: Es geht nicht immer darum, das eigene Interesse knallhart gegen alle Widerstände durchzusetzen. Manchmal ist man gerade dann der Gewinner, wenn es einem gelingt, sich geschmeidig an eine gegebene Situation anzupassen. Abgesehen davon: Marianne meditiert jetzt auch.

4. Zur Kostenfrage

Die Anbieter von Yoga- oder Meditationskursen sind in puncto Gebühren mit dem vergleichbar, was auch für Sport- und Fitnessangebote aufgerufen wird. In der Tat sehr preisgünstig ist es, sich von Apps zur Achtsamkeit anleiten zu lassen – zumindest, wenn man die jeweiligen Basisversionen nutzt. In diesem Bereich halte ich Apps auch für sinnvoll[1], anders als beim Sport, wo man

---

1 Beachten Sie beim Blick auf Meditations-Apps aber bitte den folgenden Warnhinweis: Sie dürfen eine solche nicht verwenden, wenn Sie am Steuer eines Fahrzeugs sitzen. Da heißt es dann womöglich: »Om – ich schließe meine Augen. Om – ich lasse alles los. Om – mein rechter Fuß wird schwer wie Blei…«

als Laie beim Nachturnen der Work-outs doch vieles verkehrt machen kann.

5. Maximales Sau-rauslassen-Glückserlebnis
Der Moment, in dem ich begreife, dass der Schweinehund nicht länger mich, sondern dass ich von nun an ihn kommandieren werde.

VI
ETHIK

Mein ökologischer Fußabdruck

Ich will ganz ehrlich zu Ihnen sein: Es ist noch gar nicht lange her, da haben ich und die Kumpels im Garten Grillpartys gefeiert, die gingen über mehrere Tage und Nächte. Nein, ökologisch korrekt war das nicht. Im Gegenteil: Wir haben nicht nur Billig-Holzkohle von der Tanke verwendet, sondern die auch noch mit Superbenzin angefeuert. Das gab jedes Mal einen Schadstoffausstoß wie bei einem rumänischen Braunkohlekraftwerk. Die Spatzen in den Bäumen hatten Gasmasken auf. Die Wildgänse fielen tot vom Himmel. (Ja, wer wird denn für Gänseleber Geld ausgeben?) Ich kann mich noch genau daran erinnern, als in Island dieser Vulkan ausgebrochen ist, der Eyjafjallajökull. Ich habe nur die Fernsehbilder von der riesigen Aschewolke gesehen und gedacht, ach guck mal! Frank macht sich ein Würstchen warm.

Unter ökologischen Gesichtspunkten ist Grillen also ein unsägliches Verhalten, doch wie vieles andere wird das achselzuckend hingenommen, selbst in unserer Umgebung, die man dem sozial-ökologischen Milieu zurechnen kann. Was heutzutage aber nur mehr bedeutet, dass man die entsprechende Partei wählt und ansonsten schon zufrieden ins Bett geht, wenn man es geschafft hat, den Müll in die richtige Tonne zu werfen. Wenn die Menschen hier etwas nachhaltig beschäftigt, dann die Frage, ob der Vorname des Kindes klanglich mit einem Doktortitel harmoniert.

In diese selbstgefällige Behäbigkeit aber platzt eines Tages unser Sohn Felix mit einer aufwühlenden Protestaktion:

Er hat sämtliche Schubladen und Schränke in Küche und Keller nach Plastiktüten durchsucht – und jede Menge davon gefunden, hat diese dann zu einem riesigen Haufen in der Küche aufgetürmt, sich mit verschränkten Armen und vorwurfsvollem Blick vor diesem Schandmal der Umweltzerstörung aufgebaut und uns zur Rede gestellt: »Wisst ihr, dass Plastikmüll wie dieser sich in den Meeren in riesigen Strudeln sammeln wird? Und dass Abertausende Fische, Wale und Seevögel sterben werden, weil sie die Plastikteilchen mit Nahrung verwechseln? Und dass man das ganz einfach vermeiden kann, wenn man einen Stoffbeutel zum Einkaufen mitnimmt?«

Er spricht mit zittriger Stimme und kämpft um seine Fassung – noch keine 13 und schon ein Held im Kampf gegen die Naturzerstörung. Auch ich habe einen Kloß im Hals und denke, ja, natürlich weiß ich um diese Ökosauereien – seit Jahrzehnten bereits. Aber warum zum Teufel habe ich nie wirklich etwas dagegen unternommen? Jetzt stehe ich hier und muss der nächsten Menschengeneration, meinem eigen Fleisch und Blut, Rechenschaft über mein Tun ablegen – und sehe nicht gut dabei aus. (Der andere Gedanke, der durch meinen Schädel kriecht, lautet: Welcher gottverdammte linksdrehende Biolehrer hat denn da mein Kind indoktriniert? Aber für diesen Gedanken rufe ich mich gleich vehement zur Ordnung.)

Marianne ist die Erste, die reagiert. »Wie wäre es denn, wenn wir uns alle gemeinsam überlegen, was wir jetzt sofort für die Umwelt tun können?«

Felix ist sofort Feuer und Flamme. Jonas von der Aktion seines großen Bruders so beeindruckt, dass auch er mitziehen will. Und ich selbstverständlich auch.

Als Erstes gehen wir daran, unseren ökologischen Fußab-

druck zu ermitteln. Felix hat Arbeitsblätter aus der Schule mit-
gebracht, in denen nach Wohnungsgröße, Heizgewohnheiten,
den genutzten Verkehrsmitteln und dem Müllaufkommen gefragt wird. Das Ergebnis ist mehr als bedenklich. Würden alle
Menschen mit Energie und sonstigen Ressourcen so umgehen
wie wir – ein Erdball würde dafür nicht ausreichen, wir
bräuchten vier davon! Selbst im Vergleich zum Durchschnitts-
deutschen lassen wir es ganz schön krachen. Ich bin erschüt-
tert. Von wegen harmlose Kleinfamilie – die Umweltkiller, das
sind wir!

Es gibt aber auch Tipps, wie die Bilanz verbessert werden
kann, und wir machen uns sofort an die Umsetzung. Jonas
wird damit beauftragt, sämtliche elektrischen Geräte auszu-
schalten, die im Stand-by-Modus Strom vergeuden oder unge-
nutzt eingeschaltet sind. Er geht dieser Aufgabe mit gnadenloser
Gründlichkeit nach, was zur Folge hat, dass mehrere Anrufbeantworter neu besprochen werden müssen und Marianne drei
Tage braucht, um einen längeren Text zu rekonstruieren, den
sie auf ihrem Computer blöderweise noch nicht abgespeichert
hatte. Er rennt dann auch gleich in den Keller, um auf den Zäh-
ler zu gucken, und meint, dass der Stromverbrauch schon ein
bisschen gesunken ist.

Felix versucht indessen, aus alten Aluverpackungen einen
Sonnenkollektor zu bauen. Er plant, diesen zum Aufbacken von
Brötchen zu verwenden und dadurch die sicher nicht geringe
Menge an Energie zu sparen, die sonst im Ofen verballert wird.
Leider wird er eine Reihe deprimierender Fehlschläge erleben.
Er steht morgens extra eine Stunde früher auf, um die Brötchen
in den Kollektor zu legen – aber es ist einfach noch dunkel.

Ich erbiete mich, unseren Energieversorger zu wechseln, auf
dass künftig nur sauberer Strom aus Sonne-, Wind- und Was-
serkraft durch unsere Leitungen fließe. Ein Vorschlag, der allge-

meinen Beifall findet. Vor allem aber sitze ich dadurch an meinem Computer, bevor Jonas ihn abschalten kann; wichtige Texte werden so gerade noch gerettet.

Marianne macht etwas zu essen – und zwar aus den Resten, die im Kühlschrank noch vorhanden sind.

Abends diskutieren wir über weitere Möglichkeiten, unsere Ökobilanz zu verbessern. Der Raum wird dabei von Kerzenschein erhellt, alle tragen Norwegersocken und Wollpullover (die Außentemperaturen schwanken um den Gefrierpunkt, aber die Heizung ist natürlich abgeschaltet). Wir fühlen uns wie Abenteurer auf einer Expedition ins Ungewisse, Roald Amundsen auf dem Weg zum Südpol.

Allerdings keimen dann auch gleich wieder nagende Zweifel in mir auf: Es ist doch klar, dass wir auf diese Weise nicht viel erreichen können. Man müsste eigentlich viel konsequenter und radikaler sein. Irgendwie spüre ich auch: Da ist doch noch mehr drin. Aber was genau?

Nach kurzer Recherche ordere ich ein Regenfass – aus Holz natürlich, Plastik kommt ja keines mehr ins Haus. Dieses Fass findet seinen Platz auf der Terrasse, wo das Fallrohr der Regenrinne – da hat jemand mitgedacht! – eine Wasserablaufklappe hat. Wenn andere sich nun in den kommenden Wochen über schlechtes Wetter oder Regen beschweren, frohlocke ich innerlich – ich bin zum Regenwassersammler geworden. Und das Wasser soll nicht etwa nur dazu dienen, Sträucher und Rasenfläche zu sprengen. Nein, es wird auch für meine Körperpflege eine zentrale Funktion einnehmen. Als weitere Requisiten benötige ich nur ein Stück Kernseife und eine emaillierte Waschschüssel vom Flohmarkt (man nennt das »Shabby Style«). Mit bloßem Oberkörper trete ich morgens in den Garten hinaus und zeige der Welt, wie es aussieht, wenn ein Mann mit der Schonung natürlicher Ressourcen und dem Umweltschutz Ernst macht. Natürlich gibt es Menschen, die mich deswegen für bescheuert halten. An erster Stelle ist hier Marianne zu nennen. Für Felix und Jonas aber bin ich damit der Held, weshalb sie ihre Vorbehalte auch nicht weiter äußert.

Unsere Nachbarn vermeiden es zwar, mich auf meine morgendliche Waschung anzusprechen, aber sie erkundigen sich: »Wo hast du denn dieses schöne Holzfass gekauft?«

Das wiederum gibt mir Gelegenheit, über die Hintergründe meines Tuns zu sprechen – und ich bin mal gespannt: Wie lange wird es wohl dauern, bis jemand meinem Beispiel folgt? Eines Morgens geschieht das tatsächlich. Drei Gärten weiter sehe ich ihn: Mit nichts als einer Badehose bekleidet, stellt er sich unter eine Gartendusche. (Sein Fass ist wohl noch unterwegs.) Unverwechselbar ob seiner muskulösen Arme und des weiterhin kahl geschorenen Kopfes: Es ist Holger, der mir da nacheifert. Ob nun aus edlen ökologischen Motiven oder weil er allen beweisen muss, dass er auch ein abgehärteter Knochen ist, interessiert mich in dem Moment nicht die Bohne. In ganz unverhoffter Weise habe ich das Ziel erreicht, ein Vorbild zu sein, an dem Holger sich orientiert. Ich eile ins Haus und rufe: »Marianne!«

»Ja, mein Gott, was ist denn?«

»Komm mal schnell raus, das musst du dir angucken. Er macht es mir nach.«

»Wer macht dir was nach? Ich sehe nichts.«

»Ach, verdammt. Gerade stand er noch da. Quasi nackt.«

»Wer?«

»Holger.«

»Mein Lieber, könnte es sein, dass zu viel kaltes Wasser am Morgen Halluzinationen hervorruft? Vielleicht solltest du den Tag lieber mit einer Tasse heißem Kaffee beginnen.«

Von nun an habe ich morgens immer eine Kamera in Griffweite, um weitere Auftritte Holgers unter der Gartendusche dokumentieren zu können. Doch so sehr ich auch lauere – er tut es nicht wieder. Der Kerl ist wohl einfach nicht hart genug dafür.

Trost finde ich in dem Gedanken, dass es ja letztlich nicht um eine Bestätigung für mich, sondern um die gute Sache des Umweltschutzes geht. Von der habe ich Sie hoffentlich überzeugen können. Ich bin sicher: Wenn Sie ein halbwegs mitfühlender Mensch sind, dann müssen Sie nach meinen Schilderungen von dem brennenden Wunsch getrieben sein, auch etwas zum Schutz und Erhalt des Blauen Planeten beizutragen. Und das ist gar nicht schwer. Schauen Sie mal: Ich habe drei ganz konkrete Möglichkeiten notiert, die Sie auch dann umsetzen können, wenn sich bei Ihnen kein Platz für ein Regenfass finden sollte:

1. Was tun mit alten Plastiktüten?

Eine Frage, die Felix keine Ruhe gelassen hat. Die Lösung heißt Upcycling, zu Deutsch: Man macht etwas Nützliches daraus, in unserem Fall eine Hülle fürs Handy. Zunächst werden unter – vorsichtiger! – Verwendung eines Bügeleisens und Backpapier mehrere Schichten Plastiktüte aufeinanderlaminiert. Man erhält dadurch ein dickeres und stabileres Material. Dieses wird dann in Form geschnitten und mit der Nähmaschine gesäumt und zusammengenäht (Marianne unterstützt uns dabei dankenswerterweise). Die fertigen Handyhüllen bietet Felix zum Verkauf an, und bald hat er so viele losgeschlagen, dass man von einem unternehmerischen Start-up sprechen kann. (Okay, die Hälfte habe ich ihm abgekauft, aber ein Jungunternehmer braucht nun mal Erfolgserlebnisse.)

2. Und der Kaffeesatz lebt weiter

Finden sich in Ihrem Badezimmer Produkte wie ein Peeling? Waschen Sie stark verschmutzte Hände z. B. nach einer Fahrradreparatur auch einmal mit einer Handwaschpaste, oder nutzen Sie geruchsneutralisierende Raumsprays? Umweltbelastender Schnickschnack, auf den Sie ab sofort verzichten können, weil Sie zu allen genannten Zwecken auch schlichten Kaffeesatz einsetzen können. Wirklich wahr. Der beseitigt selbst hartnäckige Verunreinigungen, glättet die Haut und bindet unangenehme Gerüche. Außerdem wissen Sie nun, woran Sie künftig den wahren Umweltfreund erkennen können: am Röstaroma und an den dunklen Krümeln hinterm Ohr.

3. Auch der letzte Weg kann ein grüner sein

Sie können sich vielleicht vorstellen: Wenn die sterblichen Überreste eines Menschen mit all den in Zahnplomben, künstlichen Hüftgelenken oder Herzschrittmachern angesammelten Schwermetallen in Grundwassernähe vor sich hin verrotten, dann ist das eine Riesensauerei. Der können Sie vorbeugen, indem Sie sich ökologisch korrekt entsorgen lassen, z. B. in Form der sogenannten Promession. Da wird dem Leichnam zunächst das Wasser entzogen, dann wird er schockgefrostet (man spricht von einer »Gefriertrocknung«). Die Überreste werden sodann geschreddert und zu einem Granulat verarbeitet. Und aus dem lassen sich gewiss eine Menge nützlicher Dinge herstellen. Vielleicht sogar eine Lärmschutzwand. »Letzte Ruhe« würden dann vor allem die Menschen genießen, die hinter der Lärmschutzwand wohnen. Die wären Ihnen dafür in alle Ewigkeit dankbar. Ich würde sogar sagen: Wenn Sie bereit sind, so viel Gutes für die Umwelt zu tun, dann dürfen Sie vorher – ausnahmsweise! – auch Ihren Holzkohlegrill noch einmal anwerfen.

Was darf man noch essen?

Inzwischen hat es sich bis zu mir herumgesprochen: Wem es um ökologisch sinnvolles Handeln geht, der muss unbedingt den Lebensbereich in den Blick nehmen, dem ein Großteil unserer Umweltsünden zuzurechnen ist – das Essen. Die Zeiten, in denen man lustvoll und fröhlich vor sich hin gefuttert hat, sind vorbei, denn wie wir heute wissen, kann man beim Essen sehr viel falsch und irgendwie immer weniger richtig machen. Moralisch unbeschwert nehme ich schon lange nichts mehr zu mir, weil ich doch bei Schweinefleisch sofort an Mastbetriebe und bei Hühnereiern an Käfighaltung denken muss.

Es ist mir auch bewusst, dass diejenigen, die sich für den Verzicht auf tierische Produkte einsetzen, wirklich gute Argumente auf ihrer Seite haben. Ich habe es jetzt gerade noch einmal gelesen: Würden wir uns alle komplett vegetarisch ernähren, ein ganzes Bündel von Menschheitsproblemen ließe sich mit einem Schlag lösen. Wir würden länger leben, es gäbe weniger Hunger und deutlich weniger Schadstoffe in der Atmosphäre. Und es ist doch eine ebenso unschöne wie peinliche Vorstellung, dass die Menschheit zwar klug genug ist, den atomaren Overkill zu vermeiden, aber zugrunde gehen muss, weil Verdauungsgase von Rindern unsere Atmosphäre zerstören, nur weil wir nicht auf die tägliche Bulette verzichten können.

Aber so gut ihre Argumente sind, so sehr gehen mir die Leute auf die Nerven, die ihre Essensphilosophie wie eine Monstranz vor sich hertragen. Bei manchen habe ich den Eindruck, die korrekte Nahrungsaufnahme ist ihnen zur Religion geworden. Ich habe es erlebt, dass auf einer Party allen Ernstes die Frage diskutiert wird, ob man nicht auch seine Haustiere vegetarisch ernähren soll.

Dazu muss ich mich dann doch mal zu Wort melden und sagen: »Leute, eine Katze ist ein Raubtier!«

»Ja, aber so eine Katze jagt doch auch schon mal ein Wollknäuel. Warum soll sie dann nicht ein Dinkelbrötchen jagen?«

Das ist ein Argument, dem ich mich schwer verschließen kann. Denn geschmacklich kommt es in der Tat auf das Gleiche raus.

Größtes Aufsehen erregt auf dieser Party übrigens ein Pärchen, das behauptet, es hätte einen Pitbull-Terrier angeschafft.

»Echt?«

»Ja. Um zu beweisen, dass man auch so ein Tier umerziehen kann. Wir haben den komplett auf Soja umgestellt. Und wir finden, er ist seitdem auch viel weniger aggressiv. Er hat praktisch aufgehört zu bellen.«

Ich vermute, er macht stattdessen »Muh«. Und wenn Nachwuchs zur Welt kommt, werden es drei gesunde kleine Fruchtzwerge sein. Entschuldigung, aber irgendwie ist das doch auch Tierquälerei.

Eines aber begreife ich bei der Gelegenheit: Wer sich der bewussten Ernährung verschreibt (und das dann noch öffentlichkeitswirksam kommuniziert), der darf die rückhaltlose Bewunderung seiner Mitmenschen genießen.

Deswegen zeige ich mich dann auch gesprächsbereit, als Marianne den Vorschlag macht, unsere Ernährung im Sinne einer sowohl ethischen wie auch gesundheitlichen Optimierung zu verändern. Wobei ich insofern für eine Initialzündung sorge, als ich ihr ein einschlägiges Buch zum Geschenk mache. Es trägt den Titel *Anständig essen*. (Ich gebe zu: Unter einem »anständigen Essen« habe ich mir etwas vollkommen anderes vorgestellt. Ich dachte an ein Holzfäller-Steak. Mit einem Berg von Zwiebeln drauf.) Unser Speiseplan ist jedenfalls von da an kaum mehr wiederzuerkennen. Das Ziel ist, stufenweise zu einer immer nachhaltigeren und gesünderen Ernährung zu gelangen, indem wir die verschiedenen Spielarten der fleischfreien Kost für jeweils eine Woche ausprobieren. Am Ende wollen wir dann auswerten, was am besten funktioniert, und darüber befinden, was wir in Zukunft essen – oder eben nicht mehr essen wollen.

In einem ersten Schritt werden wir zu **Vegetariern**. Kam früher gelegentlich noch ein Behältnis mit grober Leberwurst oder eine Lage Salamischeiben auf den Abendbrottisch, so findet sich da jetzt bestenfalls ein »Tofu-Aufstrich«. (Was heißt Aufstrich? Den muss man so aufs Brot bröseln.) Ich muss sagen, das funktioniert im Grund recht gut. Ich kann mich satt essen und habe nicht wirklich das Gefühl, dass mir etwas fehlt. Sollte es doch mal Entzugserscheinungen geben, dann bekämpfe ich die mit sogenannten Fleischersatzprodukten. Da werden ja die dollsten Sachen angeboten. Teile, die wie Bratwürste aussehen, aber aus nichts als Soja bestehen. Eine Art Methadonprogramm für Brutzler-Junkies. Oder es gibt Frikadellen, die aus Haferflocken gemacht sind. Lecker! Und wenn Sie da einen halben Liter Ketchup draufkippen, sind die von echten Knastpralinen nicht zu unterscheiden.

Veganer zu sein ist allerdings schon ein ganzes Stück schwieriger. Quark, Käse, Eier und Milch – bis dato noch erlaubt – werden jetzt ebenfalls vom Speiseplan gestrichen. Eine Folge: Auf dem Tisch wird es bunter. Obst beginnt eine tragende Rolle in der Ernährung zu spielen. Es kommt auf den Teller (Obstsalat), es ist in der Tasse (Früchtetee), und ich habe es im Glas (Smoothie). Die Befürchtung, das Essen könne dadurch eine komplett freudlose Angelegenheit werden, bewahrheitet sich zum Glück nicht. Die Jungs haben nämlich ein geradezu diebisches Vergnügen daran, die Smoothies zuzubereiten. In der Küche sieht es danach jedes Mal so aus, als wäre ein Malkasten explodiert, aber die Stimmung ist riesig. Was ich noch dazulerne: Auch als Veganer muss ich auf »Döner«, »Würstchen« oder »Burger« nicht verzichten, ja, ich kann mich sogar über »Krabben« hermachen – alles natürlich aus veganem Material gefertigt. Da wird es dann schon ein wenig absonderlich. Man kann zum Beispiel einen Tofuklumpen kaufen, der wie eine Weihnachtsgans geformt ist. Okay, Tiere werden verschont. Aber das Zeug sieht so gruselig aus, dass man schon von »Tofuquälerei« sprechen muss. Und ich kapiere es auch nicht. Wenn es jemand gut meint mit dem Gefieder, warum empfindet er dann Vergnügen daran, etwas zu zerlegen, das aussieht wie eine Gans? Umgekehrt käme doch auch niemand auf die Idee, einen Batzen Hackfleisch grün zu färben und daraus einen Salatkopf zu formen. Oder habe ich da gerade eine Marktlücke entdeckt?

Und die Schraube wird noch weiter zugedreht. Wem es um die Umwelt geht, der kann schwerlich damit zufrieden sein, sich die Sojasprossen aus Neuseeland einfliegen zu lassen. In Phase III unserer Essensoptimierung verschreiben wir uns daher dem **Regionalveganismus**. Das heißt, wir kaufen nur noch auf dem lokalen Markt und bei Anbietern, die im näheren Umkreis ansässig sind. Je verschrumpelter das angebotene Gemüse daherkommt, desto mehr scheint Marianne zu glauben, dass sie es tatsächlich mit unbehandelter Ware zu tun hat. Fleischersatz? Kann man vergessen. Es sei denn, man schafft es, aus einem Rettich einen Wurstsalat zu schnitzen. Da wir ernsthafte Zweifel haben, ob die Kinder hier noch mitziehen, haben wir sie – es sind gerade Ferien – zu den Großeltern gebracht. Ins Schwabenland. Wo man fleischgefüllte Maultaschen isst. Da wäre ich jetzt auch gerne.

Und wenn ich von alldem im lockeren Plauderton erzähle, heißt das beileibe nicht, dass unser Ernährungsexperiment einen konfliktfreien Verlauf nimmt. Im Gegenteil. Mehr als einmal sitze ich verzweifelt und mit knurrendem Magen vor einem Arrangement aus Mohrrübenspänen, Kohlrabi und Lauch und denke, ich will was zu essen und kein Teller-Ikebana!

Irgendwann halte ich es dann wirklich nicht mehr aus, stehle mich heimlich davon und suche eine Würstchenbude auf, um in einem haltlosen Anfall meine Fleischeslust zu befriedigen. Dreimal Currywurst, zwei große Portionen Pommes und ein Liter Cola gehen über die Theke.

»Na, da hat's aber einer nötig«, meint der Budenbetreiber. Da ich in Vollzeit mit Kauen, Schlucken und dem Unterdrücken von Rülpsern beschäftigt bin, kann ich das nur mit einem Nicken quittieren. Wie ich mich danach fühle? Bescheiden ist gar kein Ausdruck. Magenkrämpfe. Völlegefühl. Schlechtes Gewissen. Das man mir wohl auch auf zehn Meilen ansieht. Als ich wieder zu Hause bin, mustert Marianne mich jedenfalls ausgesprochen kritisch und meint: »Hauch mich mal an!«

So weit lasse ich es dann doch nicht kommen. Ich gestehe meinen Rückfall ins vorzivilisatorische Essverhalten ein. Da ich Marianne den von mir ausgehenden Fleischgeruch nicht zumuten will, biete ich an, die kommende Nacht auf der Wohnzimmercouch zu verbringen. Das reicht ihr nicht. Von anderen Männern weiß ich, dass sie in solchen Situationen die Nacht in der Tiefgarage verbringen. Wir aber haben kein Auto. Also buche ich für die Nacht ein Carsharing-Fahrzeug, schnappe meinen Schlafsack und richte mich auf eine unruhige Nacht auf dem Parkplatz ein. Immerhin: Wie ich feststelle, bin ich nicht der Einzige, der dort schläft. Ein paar Stellplätze weiter zeugen beschlagene Scheiben von einem weiteren Wildcampierer. Ich stelle mir vor, dass es auch jemand ist, der seiner Frau das falsche Buch geschenkt hat.

Unruhig bin ich vor allem, weil ich weiß, dass das Schwerste noch bevorsteht. Die finale Stufe korrekter Ernährung, die wir noch zu nehmen haben:

Frutarier zu sein bedeutet, nur noch Dinge zu essen, die wir selbst im Garten oder in Parkanlagen pflücken können. Das ist nicht ganz ungefährlich. Immer wieder kommt es vor, dass unerfahrene Pflanzenfresser zum Beispiel glauben, Kerbel zu ernten, es tatsächlich aber mit Hundepetersilie zu tun haben. Ein durchaus nachvollziehbarer Anfängerfehler. Die einen haben Glück und landen mit Schwindelgefühlen und Herzbeschwerden in der Notaufnahme. Und wer Pech hat? Nun, der braucht sich über Fragen der korrekten Ernährung keine Gedanken mehr zu machen.

Ich halte mich deswegen sklavisch an die Pflanzen, die halbwegs sicher zu erkennen sind: Brennnesseln, Sauerampfer und Löwenzahn, und empfinde anfangs sogar eine gewisse Euphorie, weil ich mir beim Ausrupfen des Grünzeugs denke: Hey, wenn ich tagsüber *esse* wie ein Karnickel … Aber denkste! Schon nach zwei Tagen bin ich so zittrig und entkräftet, dass ich in jeder Hinsicht schlaff in der Ecke liege.

Marianne tut alles, um mich zu motivieren. Sie verweist auf prägende Persönlichkeiten der Weltgeschichte, die sich so ernährt hatten: Mahatma Gandhi wird ins Feld geführt. »Und wusstest du, dass auch Steve Jobs sich als Frutarier ernährt hat? Der ist dadurch sogar auf die Idee gekommen, seine Firma Apple zu nennen.«

»Ist mir völlig klar, dass man nach drei Tagen Grünzeug Halluzinationen kriegt.«

Zu meiner großen Erleichterung findet sich in unserem Küchenschrank noch eine Schale mit Haselnüssen, die wir im vergangenen Herbst eingesammelt haben. Ob man die überhaupt noch essen kann? Egal. Ich muss! Danach renne ich hinaus in den Garten, um zu schauen, ob vielleicht weitere Nüsse nachgewachsen sind. Das ist nicht der Fall. Dafür sehe ich einen Regenwurm, nehme ihn in die Hand und betrachte ihn eingehend. Ängste, Scham und Ekelgefühle spielen längst keine Rolle mehr. Ich denke nur an die leckeren Proteine, die in diesem Erdbewohner stecken. Weiß dann aber: Ich darf das nicht tun. Er wird noch gebraucht. Vorsichtig lege ich ihn wieder auf die Erde zurück, wo er einer elementaren Aufgabe nachzugehen hat. Den Boden zu durchpflügen, ihn zu lockern und mit wertvollen Nährstoffen zu versorgen. Ich habe in diesem Moment auch eine Vision. Ich sehe die lichte Zukunft einer ernährungsgeläuterten Menschheit vor mir. Wenn man auf Fleisch verzichten, wenn man sich vegetarisch, vegan und sogar frutarisch ernähren kann – warum sollte es dem Menschen nicht möglich sein wiederzukäuen? (Vereinzelt ist mir das sogar schon gelungen.) Und gibt es nicht auch Chlorophylltabletten? Die werde ich jetzt nehmen. In hoher Dosierung. Und meinen Organismus dahin trainieren, die zum Leben notwendige Energie aus Wasser und Sonnenlicht zu gewinnen. Ich gehe dann auch nicht mehr zum Friseur. Ich gehe zum Gärtner. Lasse keine Haare schneiden, sondern die Triebe zurückstutzen. Und warte auf den Tag, an dem ich mich mit bloßen Füßen ins Erdreich wühlen und Wurzeln schlagen kann. Dann recke ich die Arme, an denen schon die ersten Blüten zu erkennen sind, gen Himmel und wende mein Gesicht der Sonne zu ...

Marianne holt mich auf den Boden der Tatsachen zurück. Richtig: Wir wollten ja darüber diskutieren, welche Ernährungsform uns nun als die beste erscheint. Sie spricht sich für eine Art milden Vegetarismus aus. Wir würden wieder einkaufen gehen. Und ab und zu mal ein Fischgericht wäre dann erlaubt. Es sieht also aus, als könne das Leben halbwegs normal weitergehen. Eine Lehre aber ziehe ich aus diesem Experiment: Sollte ich Marianne jemals wieder eine Ernährungsfibel schenken, werde ich vorher ganz genau schauen, was drinsteht!

Deutsch – korrekt. Korrekt – Deutsch

Für jemanden, der in einer alternativen Wohngemeinschaft geprägt wurde, ist es ja fast schon ein Reflex, bei der Frage nach ethischen Grundhaltungen zunächst auf die Umwelt zu sprechen zu kommen; darin erschöpft sich mein Wertekanon aber keineswegs. Nein, wenn Sie mich nach meiner wirklich zentralen Wertorientierung fragen, so sehe ich die im Artikel 3 unseres Grundgesetzes auf erfrischend klare Weise formuliert. Da heißt es: »Niemand darf wegen seines Geschlechtes, seiner Abstammung, seiner Rasse, seiner Sprache, seiner Heimat und Herkunft, seines Glaubens, seiner religiösen oder politischen Anschauungen benachteiligt oder bevorzugt werden. Niemand darf wegen seiner Behinderung benachteiligt werden.«

Ich sehe darin auch den Auftrag an mich, jeder Form der Diskriminierung entgegenzutreten – und die fängt ja bekanntlich schon bei der Sprache an. So habe ich gelernt, dass man den Begriff »Mohrenköpfe« heute besser nicht mehr verwendet, dann das wäre ja eine Herabwürdigung der ... Süßigkeiten? Oder der Mohren? Schon weil ich da unsicher bin, halte ich mich an die Maßgabe, stattdessen lieber von »maximal pigmentierter Eierschaumspeise« zu sprechen.

Und obwohl ich in diesen Fragen höchst sensibel bin, unterlaufen auch mir immer noch schwerwiegende Fehler: Es gibt doch in unserer Umgebung viele Patchwork-Familien. Mir sind Fälle bekannt, da tragen Mütter ein Namensschild an der Bluse, damit die Kinder wissen, welche Mutter gerade Dienst hat. Eines

Tages hole ich Sohn Jonas von einem Schulkameraden ab – und es macht schon wieder eine andere Mutter die Tür auf. Nun heißen die Kinder bei denen Hans und Grete, und ich sag so blöd: »Ach, dann sind Sie die böse Stiefmutter.« Wie peinlich! Ich will mich noch mit einer Erklärung rausreden: »Ich dachte, Böse-Stiefmutter, das wäre auch nur so ein Doppelname...«

»Nein«, werde ich ermahnt, »man sagt nicht ›böse Stiefmutter‹, sondern ›soziale Mama‹.«

Ich bin froh, dass ich hier noch relativ glimpflich davonkomme, und mache mich mit Jonas auf den Heimweg.

»Papa, warum soll man denn nicht Stiefmutter sagen?«, will der Junge wissen.

»Weil mit dem Begriff Stiefmutter oft negative Eigenschaften verbunden werden.«

»Meine Mama nenne ich Mama. Aber wie nenne ich meine soziale Mama?«

»Weiß nicht genau. Vielleicht Soma? Wie sagt Hans denn zu seiner neuen Mama?«

»Vorhin hat er sie ›blöde Kuh‹ genannt.«

»Dann wäre ›Stiefmutter‹ vielleicht doch besser. Oder man denkt sich eben etwas Neues aus. Zum Beispiel ›Mama 2.0‹? Oder ›Bonus-Mutti‹?«

Hätte ich in dieser Frage mal besser die Schnauze gehalten. Wir übertreten nämlich kaum die heimische Türschwelle, da ruft Jonas durchs ganze Haus: »Ich wünsche mir jetzt auch eine neue Mutter.«

Immerhin: Ich habe erkannt, dass die Frage des korrekten Sprachgebrauchs insbesondere im Hinblick auf die Kinder von hoher Brisanz ist. Deswegen reagiere ich auch sofort, als Jonas' Klassenlehrerin wenig später zu einem Elternabend einlädt, bei dem es unter anderem um die Frage der »Wertevermittlung im Kinder- und Jugendbuch« gehen soll. Ich weiß zwar aus Erfahrung, dass Elternabende beklemmende Veranstaltungen sein können – aber hier will ich dabei sein. Es geht auch gleich munter los. Die Lehrerein – Frau Sommer – stellt eine aktuelle Ausgabe der Pippi-Langstrumpf-Bücher vor, in der nicht mehr von einem »Negerkönig«, sondern von einem »Südsee-König« die Rede ist.

Prompt meldet sich ein Vater (ich glaube, es ist Rüdiger, der Papa von Paul), der meint: »Ich finde das unmöglich. Da ist doch eine Gedankenpolizei am Werk wie in George Orwells 1984. Da sollen doch dem Volk die Hirnwindungen glatt gestriegelt werden.«

Ich überlege noch, ob ich hier die offenbar unreflektierte Verwendung des Begriffs »Volk« problematisieren soll, als Frau Sommer kontert. »Nein, im Gegenteil: Ich finde es sehr sinnvoll, über den Gebrauch von Bezeichnungen und die dadurch vermittelten Vorstellungen nachzudenken und gegebenenfalls nach Alternativen zu suchen.«

»Aber«, schaltet sich jetzt Sonja, die Mami von Ronja ein, »mit dem Begriff ›Südsee-König‹ wird doch die ethnische Besonderheit nicht wertfrei benannt, sondern geradezu schamhaft versteckt. Das kann es doch auch nicht sein. Meines Erachtens müsste man von einem ›monarchischen Alleinherrscher männlichen Geschlechts mit erblich bedingtem erhöhten Melaninanteil und afrikanischer, wahrscheinlich aber früh-assyrischer Herkunft‹ sprechen.«

»Ist ja irre«, sage ich.

»Vor allem auch sehr praktisch«, flüstert mir mein Sitznachbar zu. »Wer das seinem Kind abends beim Zubettgehen vorliest, kann damit rechnen, dass das Kind schläft, bevor die Personenbeschreibung zu Ende ist.«

»Wäre es nicht einfacher, wenn man sich auf, sagen wir: unverfängliche Stoffe beschränkt?«, gibt nun der um Vermittlung bemühte Volker (Papa von Timo) zu Protokoll. »Ich hatte immer großen Spaß an dem Band *Stups, der kleine Osterhase*.«

»Der Osterhase ist leider alles andere als harmlos«, gibt Frau Sommer zu bedenken. »Da ist zum einen die Sache mit den Eiern. Ein ganz klarer Bezug zu heidnischen Fruchtbarkeitsriten. Überdies gilt gerade der männliche Hase, der ja auch ›Rammler‹ genannt wird, als Sexprotz unter den Tieren...«

»Also, den Begriff Sexprotz«, hier spricht jetzt wieder Sonja, »würde ich meinen Kindern gegenüber niemals verwenden!«

»Wenn ich dazu einen Vorschlag machen dürfte«, schalte ich mich ein, »verwenden wir doch statt ›Sexprotz‹ die Bezeichnung ›polygamer Weibchenverführer mit überbordendem Geschlechtstrieb und der Begattungsgeschwindigkeit einer elektrischen Nähmaschine‹.«

Ein Vorschlag, der unter Beifall zu Protokoll genommen wird.

»Und das mit dem Sex ist ja nicht das einzige Problem«, ereifert sich jetzt eine gewisse Sabine, Mami von Sophia. »Er ist auch ein Synonym für Feigheit, was in Begriffen wie ›Angsthase‹ oder ›Hasenfuß‹ Ausdruck findet. Und als ›Falscher Hase‹ steht er stellvertretend für die Skandale um falsch deklarierte Lebensmittel.«

In diesem Moment werde ich von einer Art Blitz der Erkenntnis durchzuckt. Ich habe plötzlich vor Augen, wie man dem in so vielfältiger Weise belasteten Hasen seine Unschuld wiedergeben kann. Ich spreche mich dafür aus, künftig nur noch von einem »kurzfelligen Hoppelnager aus der Familie der Langzahnwirbler mit altgermanischem Brauchtumshintergrund« zu sprechen.

Volker sekundiert: »Und als Nächstes ist der Pfingstochse dran, der heißt ab sofort ›bunt kolorierte, Grünfutter verzehrende Großvieheinheit mit Kastrationshintergrund‹.«

Sonja hat auch noch einen Vorschlag: »Oder nehmen wir den ›Räuber‹ Hotzenplotz. Das ist doch auch diskriminierend. Den muss man auch umbenennen, zum Beispiel in ›Bankberater Hotzenplotz‹.«

Spätestens jetzt bin ich rundum begeistert. Wer sagt, dass man Kurse, Schulungen oder Berater braucht, um sich weiterzuentwickeln? Hier profitiere ich von der – wie heißt das heute? – genau: Schwarmintelligenz der Elternschaft, die mir alles an die Hand gibt, was für einen makellosen Sprachgebrauch notwendig ist. Die Anwesenden sind auch fest entschlossen, den Elternabend erst dann zu beenden, wenn der gesamte Jugendbuchkanon durchgearbeitet ist. Ich wäre gerne bis zum Schluss dabei, aber meine letzte Bahn fährt gegen zwölf. Ich mache mich dann auf den Weg nach Hause. Mit einem ganz neuen Bewusstsein dafür, wie sehr ich dort als Vater zweier Söhne gebraucht werde, um Orientierung zu geben beziehungsweise Fehlorientierungen zu korrigieren.

Die nächste Bewährungsprobe lässt dann auch nicht lange auf sich warten. Denn es ist selbstverständlich nicht in Ordnung, wenn die Jungs über einen Schulkameraden reden und ihn, weil ihnen sein Verhalten nicht passt, als »behindert« bezeichnen.

Das sehen die beiden auch erfreulich schnell ein. Sie wollen aber wissen: »Was können wir denn stattdessen sagen?«

Da bin ich im ersten Moment auch überfragt.

»Assi«, schlägt Felix vor.

»Das ist auch nicht unproblematisch«, sage ich. »Hier wird einerseits die Zugehörigkeit zu einer weniger privilegierten Gesellschaftsschicht unterstellt, diese dann durch den situativen Kontext auch noch pauschal abgewertet.«

Felix, Jonas und Marianne rollen entnervt die Augen.

»Dumpfbacke«, meint Jonas.

»Nicht ohne Reiz«, stelle ich fest. »Auch wenn natürlich zu bedenken ist, dass hier aus einer einzelnen Handlung vermutlich voreilig Schlüsse auf den Gesamtcharakter der Persönlichkeit gezogen werden.«

»Horst«, lautet ein weiterer Vorschlag von Felix.

»Aufpassen!«, ist mein Rat dazu. »Horst ist ein in der älteren Generation durchaus gebräuchlicher Vorname. Käme es aufgrund einer neuen Rechtslage zu Sammelklagen Betroffener, wie das in den USA üblich ist, eine ›Interessengemeinschaft Deutscher Horsts‹ könnte sich gründen, und wir hätten mit Bußgeldern in Millionenhöhe zu rechnen. Außerdem ist Horst der Vorname des im Jahr 2010 zurückgetretenen Bundespräsidenten Köhler. Juristisch wäre zu prüfen, ob hier eine nachwirkende Majestätsbeleidigung nach Paragraph 90 ...«

»Vollpfosten!«, unterrichtet mich Felix. Wobei mir nicht ganz klar ist, ob er einen weiteren Vorschlag macht oder mich mit diesem Schimpfwort belegen will.

»Was Pfosten angeht«, gebe ich zu bedenken, »könnte hier sowohl die holz- wie auch die metallverarbeitende Industrie ...«

Die Kinder verlassen entnervt den Raum. Im Abdrehen meine ich von Jonas noch so etwas wie »Schwachkopf« zu hören. Ehe ich zu einer wohlerwogenen Replik in der Lage bin, sind die beiden aber schon durch die Haustür verschwunden. Ich weiß, ich müsste hier eigentlich eingreifen. Aber irgendwie fehlt mir in diesem Moment die dafür notwendige Power. Und so wende ich eine Taktik an, die in solchen Fällen viel zur Entspannung beitragen kann: Ich tue einfach so, als hätte ich's nicht mitgekriegt.

Ich spende, also bin ich

Da ich inzwischen so viel für mich selbst getan habe, wäre es doch eigentlich an der Zeit, auch mal etwas für andere zu tun (und meine Selbstoptimierung ganz nebenbei auf eben diese Weise zu vervollkommnen – ganz schön schlau, was?). Genau. Ich könnte also anderen helfen. Gutes tun. Spenden. Nicht, dass ich da bislang vollkommen untätig wäre: Schon jetzt spenden

Marianne und ich für diesen und jenen guten Zweck. Allerdings tun wir das in der Regel als Spontan-Spender, die auf den richtigen Anlass warten. So muss man uns nicht lange um Hilfe bitten, wenn es um Naturkatastrophen geht. Steht irgendwo auf der Welt ein Waldstück in Flammen, sind wir es, die die Feuersbrunst mit einer Online-Überweisung aufhalten. Aber was soll ich machen, wenn in Sachen Feuer, so wie jetzt, gerade relative Ruhe auf dem Planeten herrscht? Soll ich etwa rausgehen und ein paar Müllcontainer anzünden, nur damit ich meinen Spendentrieb befriedigen kann?

Mir ist auch bewusst, dass dem Spendenwesen grundsätzlich eine gewisse Scheinheiligkeit innewohnt: Armut und Hunger in den unterstrukturierten Weltregionen werden durch meinen Ressourcen verschlingenden Lebensstil mitverursacht, trotzdem möchte ich mich an der Vorstellung wärmen, dass es gerade meine drei Euro fuffzig sind, welche die Augen eines sechsjährigen Patenkindes in Hinterindien zum Leuchten bringen.

Aber wer sich als Wohltäter ins Menschheitsgedächtnis einbrennen will, darf sich von solchen zersetzenden Gedanken nicht aufhalten lassen. Fakt ist: Ich will mich einer guten Sache verschreiben, will das in geeigneter Weise auch öffentlich machen – schon, um als gutes Beispiel voranzugehen –, und um dem Engagement mehr Wucht und Glaubwürdigkeit zu geben – so meine Idee – will ich nicht alleine für die gute Sache streiten, sondern meine ganze Familie hinter der Fahne der Wohltätigkeit versammeln.

Ich berufe also einen Familienrat ein.

»Ihr Lieben, wir haben schon oft darüber gesprochen, dass wir im Vergleich zu anderen ein ausgesprochen komfortables Leben genießen. Ich finde, wir sollten das zum Anlass nehmen, uns für einen wohltätigen Zweck zu engagieren.«

Dem mag grundsätzlich niemand widersprechen. Marianne gibt nur zu bedenken, »dass es klar sein sollte, ob das, was wir spenden, auch tatsächlich bei den Richtigen ankommt«.

Da hat sie natürlich recht. Aktionen wie »Spenden für Urlaub«, »Spenden für mich selber« oder auch das Spendenportal »Schnorrer.de« sind dabei noch relativ leicht als unseriöse Machenschaften zu erkennen, aber auch die großen Wohltätigkeitsorganisationen müssen sich immer wieder mangelnde Transparenz vorwerfen lassen.

»Wie wäre es denn, wenn wir nicht einfach nur etwas spenden, sondern selbst Spenden für ein Projekt sammeln?« Es ist Felix, der diese Idee äußert.

»Gute Idee! Aber damit wissen immer noch nicht, wofür wir sammeln.«

Hierzu gehen die Meinungen jetzt stark auseinander. Marianne – wer wollte es ihr verdenken – fände es gut, ein Projekt zu unterstützen, das sich für Frauenrechte starkmacht. (Woraufhin ich sofort überlegen muss, ob es eigentlich auch eine Organisation gibt, die sich für unterdrückte Ehemänner einsetzt. Ich behalte den Gedanken aber vorerst für mich.)

Jonas schwebt etwas vor, bei dem es um Robben, Katzenbabys oder Koala-Bären geht. Felix bringt seinen Fußballverein ins Gespräch, der Geld für einen neuen Kunstrasenplatz braucht. Ich wiederum hege grundsätzlich Sympathien für Hilfe-zur-Selbsthilfe-Projekte – und fasse die bisherigen Diskussionsbeiträge wie folgt zusammen: »Wir suchen nach einem Projekt, das kickende Koalaweibchen in die Lage versetzt, in Eigenarbeit ein Fußballstadion zu errichten.«

In den einschlägigen Suchmaschinen sind hierzu leider keine Treffer zu finden.

»Es muss doch auch gar nicht eine einzige Sache sein. Jeder sammelt für das, was ihm am Herzen liegt«, schlägt Felix vor.

»Genau«, ruft Jonas und ergänzt: »Wir machen einen Wettbewerb, wer am meisten zusammenkriegt.«

Ehrlich gesagt, bin ich mir nicht sicher, ob so ein Wettbewerb mit dem Wohltätigkeitsgedanken vereinbar ist, aber die Sache bekommt sofort eine Dynamik, der ich mich nicht entgegenstellen möchte.

So beginnt eine Zeit von geradezu fiebrigen Aktivitäten. Marianne nimmt Kontakt zu einer Fraueninitiative auf. Felix lebt für die Kunstrasenpläne seines Vereins, Jonas hat (mit meiner Hilfe) ein australisches Koala-Projekt ausfindig gemacht, für das er Spenden sammeln will. Und während ich noch in Selbsthilfeforen recherchiere, geben die Jungs schon Vollgas und sind sich dabei für nichts zu schade. Sie schreiben Briefe an ihre Großeltern. Sie quatschen ihre Lehrer und Klassenkameraden, Trainer und Mitspieler in ihren Fußballmannschaften an. Sie klappern sämtliche Häuser in der Nachbarschaft ab. (Um die Mildtätigkeit unserer Mitmenschen nicht über Gebühr zu strapazieren, haben sie die umliegenden Straßen in einen Koala- und einen Kunstrasenbezirk aufgeteilt. Ein Verfahren, das sie im Online-Spiel *Mafia Wars* kennengelernt haben.)

Es wird dann auch sehr schnell klar, wer in unserem Wettbewerb die Nase vorn hat: Jonas ist ein Kind, dem man ohnehin kaum einen Wunsch abschlagen kann. Zusätzlich ist er jetzt mit einem Koala-Magazin unterwegs (das gab es als Download beim Koala-Projekt). Der Betrachter wird auf dem Titelbild von den Knopfaugen dieses wodurch auch immer bedrohten Tierchens angeschaut und ist dadurch vollkommen wehrlos. Noch der hartherzigste Knauser lässt sich erweichen und zu einer großzügigen Spende hinreißen. Mehr noch: Es dauert nicht einmal eine Woche, da hat Jonas schon drei Menschen dazu gebracht, einen Koala-Bären zu adoptieren. Kein Scheiß. Das gibt es wirklich. Nein, das Tier wohnt dann nicht bei ihnen. Es bleibt in Australien, logiert dort wahrscheinlich in einem Vier-Sterne-Hotel mit Infinity-Pool und schreibt seinen Adoptiveltern regelmäßig Postkarten.

(Was Kenner der Materie wissen und was hier nicht verschwiegen werden soll: Es gibt Regionen in Down Under, da ist der Koala keineswegs bedroht, sondern breitet sich vielmehr derart ungehemmt aus, dass er dort zu einer regelrechten Landplage geworden ist. Darüber aber bitte kein Wort zu Jonas!)

Für seine Sammelaktionen besorgt sich der Junge dann noch – weiß der Himmel, woher – eine Koala-Mütze. Eine gestrickte Kopfbedeckung, bei der Öhrchen, Augen und Schnauze des Knuddelbärchens nachempfunden sind. Das Ding ist absolut entzückend. Und müsste eigentlich als wettbewerbsverzerrend verboten werden. Aber ich trau mich nicht, etwas zu sagen. Dafür bin ich in einer zu schwachen Position. Warum? Nun, ich hatte ja noch gar nicht darüber gesprochen, für welches Projekt ich Spenden akquiriere. Das sei hiermit nachgeholt: Ich habe mir ein »Boxcamp für straffällige Jugendliche« ausgesucht. Wie sich schnell herausstellt, ist das potenziellen Spendern nur schwer zu vermitteln. Ich hätte auch gleich Heroin-Junkies oder Al-Kaida-Kämpfer als Spendenadressaten aussuchen können. Wer sich überhaupt auf ein Gespräch zu dem Thema einlässt, stellt zumeist die Frage: »Straffällige Jugendliche … Hm. Müssen die dann auch noch boxen lernen?«

Wie abgeschlagen ich damit bin, ist besonders augenfällig, seit Felix und Jonas sich etwas ausgedacht haben, um den Spielstand unseres Wettbewerbs optisch zu illustrieren:

Für jeden Spieler ist auf unserem Küchenbord ein Glas aufgestellt. Pro zehn gespendeten Euros kommt eine farbige Holzkugel ins Glas. Das Glas von Jonas – bei ihm sind es rote Kugeln – ist nach kurzer Zeit schon gut gefüllt, Felix hält ganz gut mit, Marianne schlägt sich achtbar. Die mickrige Anzahl von Kugeln, die sich in meinem Glas finden, bedeckt kaum den

Boden. Im Boxcamp können die straffälligen Jugendlichen also damit rechnen, dass ich einem von ihnen demnächst feierlich einen linken Boxhandschuh überreiche.

»Sagt mal«, frage ich, »sollen wir eigentlich aufhören zu spielen, wenn ein Glas voll ist?«

»Nein«, protestieren die Jungs wie aus einem Munde, und Jonas holt sofort ein zweites Glas aus dem Schrank, das er neben sein schon fast bis an den Rand mit Kugeln gefülltes stellt.

»Ich will weitermachen.«

»Aber so etwas wie eine Ziellinie brauchen wir, denn irgendwann wollen wir das gesammelte Geld ja auch übergeben«, argumentiere ich.

»Demnächst ist doch das Nachbarschaftsfest. Das könnte eine Art Abschluss sein«, schlägt Marianne vor.

Mir kommt ein Gedanke: »Ich weiß nicht, wie ihr das seht, aber es ist ja ganz klar, dass es bei unserem kleinen Wettbewerb jetzt schon einen uneinholbaren Sieger gibt...«

Alle schauen auf Jonas. Der schaut voller Stolz zurück. Dann scheint es ihm aber doch Unbehagen zu bereiten, derart im Mittelpunkt zu stehen.

»Was haltet ihr denn von der Idee«, überlege ich weiter, »unseren Gewinner dadurch auszuzeichnen, dass wir beim Nachbarschaftsfest seine Unterstützer sind? Wir wären dann das Koala-Team.«

»Oh ja!«, sagt Jonas dazu. »Dann hat jeder eine Mütze auf.«

Oh nein!, denke ich. Hätte ich doch den Mund gehalten.

»Und wisst ihr was?«, sagt Felix. »Auf dem Fest können wir diese Mützen verkaufen. Wir bestellen so zwanzig, dreißig Stück. Und den Erlös schicken wir dann als Spende nach Australien.«

Der große Pluspunkt: Wir können uns mit der geballten Familienpower auf einen guten Zweck konzentrieren und noch mal einen ordentlichen Spenden-Schlussspurt hinlegen. Der große Minuspunkt: Ich muss mich der Nachbarschaft mit einer Koala-Mütze auf dem Kopf präsentieren.

So fühle ich mich dann anfangs ausgesprochen unwohl, als wir mit unserem Tapeziertisch neben den Ständen Position beziehen, an denen es Kaffee und Kuchen gibt. Die Befürchtung, dass ich zum Gespött werden könnte, erweist sich jedoch als vollkommen unbegründet. Jonas' Aktion hat in der Nachbarschaft eine Art Koala-Kult ausgelöst. Es dauert nicht lange, und wir werden förmlich umlagert. Auch diejenigen, die in den vergangenen Wochen schon Geld gespendet haben, wollen eine Mütze kaufen. Das Fest wird dadurch zu einem krönenden Abschluss der Kampagne. Wir überweisen tags darauf die gesammelten Gelder, darunter einen besonders hübschen Betrag an das australische Koala-Projekt; einen Bericht über die Aktion schicken wir gleich mit.

Die Bärchenschützer sind darüber so entzückt, dass sie Jonas zum »Koala-Botschafter« ernennen und ein Bild von ihm (mit Mütze) auf ihrer Homepage veröffentlichen. Ein Karrieresprung, der ihn – und auch mich – vollkommen zu Recht mehr als stolz macht, der allerdings auch dazu führt, dass er jetzt unbedingt nach Australien reisen will. Gleich nächsten Sommer. Wie das zu finanzieren sein soll? Mal gucken. Und was das für unseren ökologischen Fußabdruck bedeutet? Da schauen wir lieber nicht so genau hin.

Für mich ergibt sich aus alldem ein persönliches Highlight, das ich noch während des Festes erlebe. Als uns sage und schreibe genau eine einzige Mütze übrig geblieben ist und wir schon dabei sind, Bestelllisten für weitere Interessenten vorzubereiten, da... kommt Holger an unseren Stand!

»Sieht zwar schon ein bisschen gewöhnungsbedürftig aus«, meint er mit einem leichten Grinsen und indem er dezent auf meine Mütze deutet, »ist aber eine coole Aktion. Habt ihr denn noch eine übrig?«

»Du kannst die Letzte kriegen«, sagt Jonas. »Aber nur unter einer Bedingung.«

»Nämlich?«

»Dass du sie auch aufsetzt.«

Holger zögert. Aber nur ganz kurz.

»Klar doch«, sagt er dann und – zieht die Mütze tatsächlich auf!

Auch wenn der Triumph im Wesentlichen Jonas zu verdanken ist, so ist es doch diesmal für alle sichtbar und hiermit zu Protokoll gegeben: Holger folgt, wenn nicht meinem, so doch unserem Vorbild. Marianne und ich jedenfalls müssen sehr lachen, als er weitergezogen ist. Wir schlagen die Hände zum High five aneinander, und ich sage: »Mission accomplished!« Und habe etwas ganz Entscheidendes gelernt: Manchmal lässt der Schweinehund sich nur besiegen, wenn man den Koala-Bären rauslässt.

Zwischenbilanz

1. Der Facebook-Check

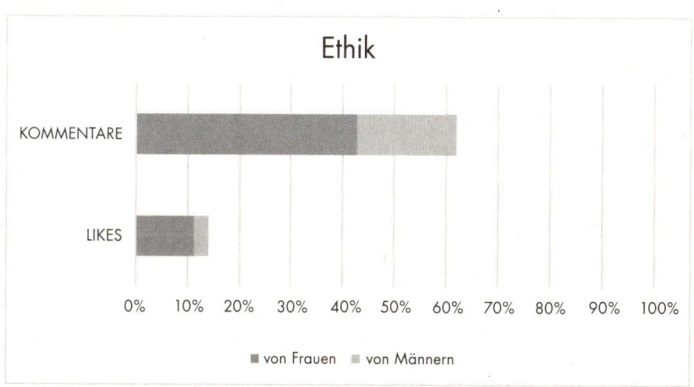

Ich habe erwartet, dass die Netzgemeinde sich überschlägt und der Server heißläuft, tatsächlich fallen die Reaktionen zahlenmäßig halbwegs moderat aus. Inhaltlich sind sie dafür aber umso intensiver. Eine Facebook-Freundin geht in ihrer Begeisterung für den Koala-Bären sogar so weit zu sagen: »Am liebsten möchte ich ihn heiraten.«

2. Fühle ich mich besser?

Das wäre stark untertrieben. Ich fühle mich viel besser und bin ehrlich überrascht, welch großen Unterschied es macht, wenn man nicht nur fürs eigene Wohlergehen unterwegs ist, sondern die Ärmel im Dienste einer guten Sache hochkrempelt.

3. Was sagt Marianne?

Die zieht mit – oder schreitet sogar voran. Anscheinend ist die sonst häufig sehr labile Koalition von Mann und Frau ausgesprochen trag- und handlungsfähig, wenn es um ethisch motiviertes Engagement geht. Ob das nun daran liegt, dass es männliche Macherqualitäten und weibliches Einfühlungsvermögen sind, die hier endlich einmal Hand in Hand gehen können, darüber will ich gar nicht lange räsonnieren. Entscheidend ist, dass es funktioniert. Mehr muss man doch manchmal gar nicht wissen.

4. Die Kosten

Die eingehende Beschäftigung mit Hilfsprojekten hat zum einen dazu geführt, dass wir höhere Beträge spenden als zuvor, abgesehen davon haben wir auch ganz schön viel Zeit in unsere diversen Engagements investiert. Dafür wird uns wiederum jede Menge Anerkennung zuteil. Man könnte sagen, dass wir in unserer Umgebung jetzt ein »gestiegenes Ansehen« genießen.

5. Das maximale Sau-rauslassen-Glückserlebnis ...

... besteht zum einen natürlich darin, dass ich das erklärte Ziel erreicht habe, ein Vorbild für Holger zu sein – ohne Frage eine berauschende Erfahrung. Aber auch wenn ich dachte, dass es toller kaum kommen kann – die Freude darüber, mit Marianne und den Jungs als erfolgreiches Team zu agieren, hat das noch bei Weitem übertroffen.

FAZIT UND AUSBLICK

Am Ende ein besserer Mensch?

Dieser Tage lese ich von einem Mann, der im Urlaub einen Angelkurs gemacht, beim Anbeißen der ersten Bachforelle seine wahre Bestimmung entdeckt und wenig später Frau und Kind verlassen hat, um sein Leben fortan als Hochseefischer vor den Lofoten zu fristen.

So gesehen haben Marianne und die Jungs richtig Glück gehabt. Ich bin über meinen Selbstoptimierungstrip nämlich nicht vom braven Dr. Jekyll zum unberechenbaren Mister Hyde mutiert. Bin kein Lauf-Süchtiger geworden, der die Strecke vom Nordkap bis zum Horn von Afrika zu Fuß durchmessen will. Kein Kalligrafie-Besessener, der sich in ein nepalesisches Kloster zurückzieht, um total entschleunigt buddhistische Weisheiten auf Reispapier zu pinseln. Kein spät erweckter Rocker, den es danach drängt, sich bei »Deutschland sucht den Grauen Star« zu versuchen. Am Ende muss ich vielleicht dem inneren Schweinehund dankbar dafür sein, dass er mich von solchen allzu irrwitzigen Vorhaben abgehalten hat.

Gelohnt hat sich mein Aufbruch aber trotzdem. Allein schon deswegen, weil es eine sehr intensive und erlebnisreiche Zeit gewesen ist. Klar, ich habe Erfahrungen gemacht, die ich lieber nicht wiederholen möchte, aber die waren eben auch ausgesprochen erkenntnisfördernd. Die Einsicht, die ich als allerwichtigste verbuche, ist die: Alle reden immer vom lebenslangen Lernen, ich habe erfahren – und gezeigt –, was das bedeuten kann. Nicht nur auf Gebieten, die mir schon vertraut sind, konnte ich mich weiterentwickeln, ich habe mir auch vollkommen neue Handlungsräume erschlossen. Habe Dinge gelernt, an die ich vorher nie gedacht habe und die ich nachher wohl auch nie wieder brauchen werde, die mir vielleicht aber auch – wer weiß? – für die weitere Gestaltung meines Berufslebens noch ein paar zusätzliche Optionen schaffen. Ich könnte zum Beispiel Seminare anbieten, in denen gestresste Manager lernen, wie sie ohne Kreditkarte und Smartphone vierzehn Tage im Stadtpark überleben und sich dabei von Brennnesseln und (sorry, liebe Tierschützer) selbst gegrillten Eichhörnchen ernähren.

Als großen Gewinn empfinde ich auch die Tatsache, dass ich so viele interessante Menschen – oder anders gesagt: Verrückte – kennengelernt habe. Trainer, Vereinskameraden, Sportsfreunde, Gleichgesinnte, Verkäufer... Ihnen allen bin ich ausgesprochen dankbar für das, was sie mir an Kenntnissen und Fertigkeiten vermittelt haben. Vor allem aber dafür, dass sie mir Beispiel und Vorbild gewesen sind und mich immer wieder mit ihrer Begeisterung angesteckt haben, dieser staunenswerten Leidenschaft, mit der Menschen sich noch den absonderlichsten Dingen hingeben, selbst wenn es sich um die wissenschaftliche Beschreibung des Balzrituals der Borkenkäfer handelt.

Mein Leben hat sich in mancher Hinsicht dauerhaft verändert – in einigen Bereichen mehr, in anderen weniger. So habe ich an sportlichen Aktivitäten weiterhin größten Spaß und habe sie zu einem festen Bestandteil meines Alltags gemacht. Auch in den Fragen der Ernährung bin ich sehr sensibel geworden und habe meinen Fleischkonsum stark eingeschränkt (ich verzichte praktisch vollständig auf Hunde und Katzen). Ich freue mich auch sehr darüber, dass ein paar wirklich flotte Kleidungsstücke in meinem Schrank hängen. Und ich weiß jetzt, was ich zu tun habe, wenn der Stress überhandzunehmen droht, und wie ich mir Momente der Entspannung und des Innehaltens organisieren kann. Ob aber mein äußeres Erscheinungsbild einer kosmetischen Verbesserung bedarf oder nicht – das ist mir im Zweifel auch weiterhin wurscht.

Bei alldem ist auch mein Selbstbewusstsein ganz gehörig gewachsen. Wie Marianne meint, ins gelegentlich schon Maßlose. (Nur, weil ich mit Holger wetten wollte, dass ich es schaffe, in einer Zeit von unter fünf Stunden den Köln-Marathon zu laufen. Und zwar rückwärts.)

Aber so ist das eben: Sich selbst zu optimieren, mehr sein zu wollen, als man ist, und die Fesseln der bisherigen Existenz abzustreifen, es vielleicht sogar den von allen bewunderten Idolen gleichtun zu wollen – in diesem Vorhaben steckt natürlich auch ein Kern von Wahnsinn. Bei mir äußert der sich auch darin, dass ich gelegentlich daran denke, mich zu der als sehr anspruchsvoll geltenden Aufnahmeprüfung an der Kölner Sporthochschule anzumelden. Nur so aus Spaß. Um den jungen Hüpfern zu zeigen, was eine Harke ist.

Dabei muss Selbstoptimierung ja gar nicht immer bedeuten, dass man den Weg aus den Niederungen des grauen Alltags hinauf in den goldenen Sternenhimmel sucht – es kann auch in die andere Richtung gehen. Nachhaltig beeindruckt hat mich da die Geschichte vom erfolgreichen Fernsehmoderator, der feststellt, dass es ihm keinen Spaß mehr macht, über die Bildschirme der Republik zu flimmern; der stattdessen lieber »etwas Sinnvolles« machen will und sich deswegen jetzt zum Rettungssanitäter ausbilden lässt.

Ein Stück weit bin ich auch ein besserer Mensch geworden, weil ich es mir zur Aufgabe gemacht habe, denen, die ihre Möglichkeiten ebenfalls erweitern möchten, Hilfestellung zu geben. Wenn Sie zum Beispiel einen Eindruck davon bekommen wollen, wie viel Sehnsucht nach Veränderung in Ihnen steckt und in welchen Sphären Sie nach neuen Zielen suchen könnten, dann finden Sie auf den folgenden Seiten einen Test, der Sie genau darüber orientiert. Und in den *Zehn Regeln der Selbstoptimierung* einen Leitfaden für Ihren ganz persönlichen Weg nach vorne. Damit haben Sie dann das Rüstzeug in der Hand, mit dem auch Sie Ihren inneren Schweinehund besiegen werden. Tag für Tag aufs Neue – garantiert!

Killer, Könner oder Kuschler? Der Test für alle, die es wissen wollen

Sie reizt der Aufbruch zu neuen Ufern, und nun möchten Sie herausfinden, welche Motive es sind, von denen Sie vor allem angetrieben werden, und wie groß die Gefahr ist, dass der innere Schweinehund sich Ihren guten Vorsätzen in den Weg stellt? Kreuzen Sie einfach bei den folgenden Fragen die für Sie stimmigste Antwort an, addieren Sie die Punkte, und stellen Sie sich unerschrocken der Auswertung.

Ihnen wird bei der Gelegenheit auch gezeigt, wie Sie Ihren Defiziten begegnen (doch, doch, die hat jeder!) und ob Sie sich Ziele stecken können, an die Sie vielleicht noch gar nicht gedacht haben.

1 Sie haben nicht nur sechs Richtige, sondern auch die Superzahl korrekt getippt und damit fürs Leben ausgesorgt. Was werden Sie jetzt machen?

☐ Ich sage: »Tschüs, das war's«, kündige meinen Job und mache die Biege. Den Rest meines Lebens werde ich mit zugedröhnter Birne auf einem wohlig-warmen Südsee-Atoll unter Palmen verbringen. *3 Punkte*

☐ Eigentlich gibt es keinen Grund, irgendetwas zu ändern.

Ich arbeite weiter wie bisher und gönne mir nur ab und zu mal ein etwas exotischeres Urlaubsziel. *2 Punkte*

☐ Super, dann kann ich ja endlich loslegen! Ich frage meinen Chef, ob er mich als Teilhaber ins Unternehmen einsteigen lässt. Wenn er dazu keinen Bock hat, kaufe ich die Firma und setze ihn vor die Tür. *1 Punkt*

2 Die Laufschuhe sind geschnürt, im Trainingsplan sind auch noch einige Kilometer vorgesehen: Könnte jetzt doch noch irgendetwas dazwischenkommen?

☐ Oh ja, da ziehen gerade dicke Wolken auf, und es kündigt sich starker Regen an – sorry, aber unter diesen Umständen lege ich mich doch lieber auf die Couch und verbuche das im Trainingsplan unter »Regeneration«. *3 Punkte*

☐ Meinem Partner/meiner Partnerin geht es heute gar nicht gut. Da sollte ich doch lieber im Haus bleiben und mich um sie/ihn kümmern. *2 Punkte*

☐ Wie ich soeben erfahre, steht für heute der Weltuntergang auf dem Programm, aber sorry – damit kann es erst losgehen, wenn ich von der Laufrunde zurück bin. *1 Punkt*

3 Ein Volkslauf in Ihrem Stadtviertel. Sie haben sich zur Teilnahme entschlossen und kriegen mit, dass auch einige echt ambitionierte Sportler am Start sind.

☐ Umso besser. Ich häng mich dran und schaffe dadurch mindestens eine persönliche Bestleistung, wenn nicht sogar den Sieg! 1 Punkt

☐ Wen juckt's? Ich entscheide mich doch sowieso für eine der kurzen Distanzen und werde die Strecke außerdem bei den Nordic Walkern mitmachen. Aber ich habe mir das Kuchenbüffet schon mal angeguckt. Lecker! 3 *Punkte*

☐ Auf dem Anmeldeformular ändere ich meinen Namen von »Martin« in »Martina« und gebe ein zehn Jahre höheres Alter an – damit schaffe ich es zumindest bei der Altersklassenwertung aufs Treppchen. 2 *Punkte*

4 Das Firmenjubiläum soll groß gefeiert werden, und es wird nach Beiträgen für die Party gesucht...

☐ Das ist die Gelegenheit, auf die ich gewartet habe, und ich bin auf jeden Fall dabei. Egal, ob Steptanz, Rap-Gesang oder Burlesque-Nummer in Straps und Fummel. Endlich kann ich den Kollegen mal zeigen, was wirklich in mir steckt. 1 Punkt

☐ Also... ich mache gerne ein paar Überstunden und helfe mit, die Kantine festlich zu schmücken, aber ansonsten hoffe ich, dass der Kelch an mir vorübergeht. 2 *Punkte*

☐ Eine Feier? Im Betrieb? Muss das sein? Ich persönlich feiere am liebsten krank. Zum Glück habe ich einen verständnisvollen Hausarzt, der mir rechtzeitig ein Attest ausstellen wird. Ich lasse mir hinterher aber gerne erzählen, wer von den Kollegen sich bei der Sause am dollsten blamiert hat. 3 *Punkte*

5 Auf welche der folgenden Kontaktanzeigen würden Sie am ehesten antworten?

☐ Ob es in die Berge oder ans Meer geht, ist eigentlich egal. Ich habe es schon immer spannend gefunden, Land und Leute, Küche und Kultur kennenzulernen. Nun möchte ich mit dir noch mehr von der Welt entdecken – und sie dann auch gerne unseren Kindern zeigen! Chiffre: Sind wir bald da? 2 Punkte

☐ Power-Partner 1 an Power-Partner 2: Bin ready for take-off und warte nur noch darauf, dass du an Bord kommst. Aktionsgebiet: global. Zielsetzung: nach oben offen. Wenn auch du genau weißt, dass du mit dem richtigen Menschen an deiner Seite die Welt aus den Angeln heben kannst, dann sind wir füreinander bestimmt. Chiffre: Hollywood Hills. 1 Punkt

☐ Nach deinem anstrengenden Arbeitstag erwarte ich dich in unserem gemütlich eingerichteten Zuhause, zaubere dir ein leckeres Essen und habe für danach schon eine DVD mit einem deiner Lieblingsfilme bereitgelegt. Chiffre: Umhäkelte Klopapierrolle. 3 Punkte

6 Freunde wollen Sie zu gemeinsamen sportlichen Aktivitäten bewegen. Von welchem Argument lassen Sie sich überzeugen?

☐ Da geht's richtig zur Sache: Wir werden von waschechten Olympia-Teilnehmern trainiert, die einen bis an die Grenze fordern – und darüber hinaus. Ein Marathon gehört selbstverständlich mit dazu. Nicht als Abschluss, sondern zum Aufwärmen. 1 Punkt

☐ Die Übungen kommen aus der Physiotherapie, und es wird gezeigt, wie man sie später auch zu Hause in den Alltag einbauen kann. Zum Ausklang gibt es selbst gemachte Smoothies. 2 *Punkte*

☐ Is' mehr so 'ne Art Schnupperkurs – und danach gehen wir einen trinken. 3 *Punkte*

7 Ein unverschuldeter Unfall wirft Sie aus der Bahn. In Ihrem erlernten Beruf können Sie nicht mehr arbeiten. Welchen Weg schlagen Sie ein?

☐ Ich schreibe ein Buch über meine Erfahrungen, halte Vorträge, steige in die Politik ein und werde zum Vorkämpfer für die Rechte von Unfallopfern gegenüber Gerichten und Versicherungen. Hollywood verfilmt mein Leben. 1 *Punkt*

☐ Es muss ja weitergehen, also melde ich mich zu einer Umschulung an. Vielleicht kann ich sogar ein Hobby zum Beruf machen und mein Geld mit dem Verkauf von selbst gefertigten Koala-Mützen verdienen. 2 *Punkte*

☐ Ach, ich kratze eben alles zusammen, was es an Versicherungsleistungen und Ersparnissen gibt, und wurschtele mich mit kleinem Budget durch. Ich brauche ja nicht viel. Und Frührente war eigentlich schon immer mein Traum. 3 *Punkte*

Die Auswertung:

18 bis 21 Punkte: Sie sind ein Kuschler
Um es positiv zu formulieren: Es gibt durchaus ernst zu nehmende Geistesgrößen, die vor krankhaftem Ehrgeiz warnen und des Menschen Heil vor allem in der Seelenruhe und der Gelassenheit sehen. Beim Blick auf Ihre Hauptmotive wird auch deutlich, dass Sie von durchaus ehrenwerten Vorstellungen angetrieben werden, aber dennoch: Ein bisschen weniger Pantoffel und etwas mehr Joggingschuh würde Ihnen ganz guttun. Und die Chancen dafür stehen gar nicht schlecht. Die Tatsache, dass Sie es in diesem Buch bis hier geschafft haben, lässt nämlich vermuten, dass Sie ab und zu doch mal Lust auf ein bisschen Action haben.

Ihre Hauptmotive und -werte: Ruhe, Familie, Ordnung, Sparen, Essen

Das könnte Sie noch interessieren: eine Parzelle im Schrebergarten, Gesellschaftsspiele wie Mini-Golf, Mikado, Stille Post

11 bis 17 Punkte: Sie sind ein Könner
... der Typ, der irgendwie immer alles richtig macht und mit dem alle gut auskommen; der Fels, auf dem man ein Reihenmittelhaus bauen kann. Sie sind Neuem gegenüber aufgeschlossen, vorausgesetzt, es ist gesund, tut nicht weh und hinterlässt keine Flecken, und Sie wollen auch der kommenden Generation ein Beispiel dafür sein, wie man das Leben auf solide Weise hinter sich bringt. Sie wollen nicht hinterherlaufen, sondern bei den anderen mithalten können, und Sie ziehen einen gefassten Plan auch durch. Bei Ihnen ist noch eine ganze Menge Luft nach oben. Sie dürfen sich auch etwas Größeres vornehmen

und sollten sich auch mal jenseits der ausgetretenen Pfade nach reizvollen Zielen umschauen.

Ihre Hauptmotive und -werte: Beziehungen, Idealismus, Verantwortung, Bildung, Gesundheit

Das könnte Sie noch interessieren: Erfahrungen, die Ihr Bewusstsein erweitern, z. B. Heavy-Metal-Konzerte, Tantra-Kurse, Rauschgiftkonsum

7 bis 10 Punkte: Sie sind ein Killer

Respekt! Wer auf dem Schiff anheuert, das unter Ihrem Kommando segelt, muss seefest und darf durch nichts zu erschüttern sein, denn Sie weichen keiner noch so bedrohlichen Sturmfront aus. Sie haben den starken Drang, sich auszuzeichnen, als Erster auf dem Gipfel zu stehen, die Konkurrenz hinter sich zu lassen. Ob es dabei immer moralisch korrekt zugeht, ist Ihnen im Zweifel egal. Jemand wie Sie kann die Welt tatsächlich verändern. Es lohnt sich, darüber nachzudenken, in welche Richtung. Die Nachwelt schaut nämlich nicht nur nach der Geschäftsbilanz – sie fällt auch ein moralisches Urteil.

Ihre Hauptmotive und -werte: Status, Anerkennung, Ruhm und Ehre, Eros, körperliche Attraktivität

Das könnte Sie noch interessieren: Es bleibt ja nur noch der Flug zum Mars – da in Ihrem Fall der Ironman auf Hawaii und die Besteigung des Mount Everest bestimmt schon seit Längerem abgehakt sind.

1. **Seien Sie neugierig – vor allem auf sich selbst!**
   Meist geht man ja durch den Tag und denkt, okay, das ist jetzt mein Leben. Ich kenne mich und weiß, wie der Mensch funktioniert, den ich da täglich im Spiegel sehe. Gedanken dieser Art sind in Wahrheit ein Gefängnis, aus dem Sie ausbrechen sollten. Nehmen Sie Säge und Feile in die Hand, und legen Sie los! Wäre doch spannend herauszufinden, wozu Sie alles in der Lage sind, wenn Sie sich als Dr. Kimble auf der Flucht durchschlagen müssen. Und sollte es draußen wirklich unerträglich sein – für diejenigen, die zurückwollen, stehen die Türen im Knast immer offen.

2. **Machen Sie Experimente!**
   Stellen Sie sich die Frage »Was würde ich auf keinen Fall tun?«, und dann machen Sie genau das. Ein Sprung vom Hochhaus ist damit natürlich nicht gemeint, aber vielleicht wirken Sie bei einer Theatergruppe mit oder nehmen Ballettunterricht. Probieren Sie es aus! Und erschrecken Sie nicht, wenn Sie merken, dass Sie auf einmal der Kracher sind, der alle in den Schatten stellt. Und wenn es schiefgeht und Sie auf die Nase fallen? Auch egal. Die Welt ist groß. Probieren Sie einfach was anderes!

3. **Gehen Sie zu den Profis!**
   Sie haben etwas gefunden, das Sie vertiefen und weiterbetreiben wollen? Prima. Gerade wenn Sie dabei Neuland betreten, sollten Sie sich von Experten unterweisen lassen. Zum einen vermeiden Sie dadurch Fehler, zum anderen macht es einen großen Unterschied, ob Sie den Freunden erzählen: »Ich war gestern mit dem Fahrrad draußen.« oder

»Ich habe eine Trainingseinheit mit dem Ironman Faris al Sultan absolviert.« Und mal angenommen, Sie planen irgendwann, den Mount Everest zu besteigen; würden Sie als Führer jemanden auswählen, der das »auch gerne mal probieren« möchte? Na also.

4. Akzeptieren Sie keine Ausrede!

»Die Nachbarn treiben ja auch keinen Sport«, »Bier trinken ist eine Form von Flüssigkeitsausgleich« oder einfach »Dafür bin ich zu alt«. In kaum einem Bereich ist der Mensch so kreativ wie in der Disziplin »Erfinden von Ausreden«. Die sind aber nichts anderes als schlecht getarnte Bequemlichkeit, mit der wir uns letztlich selbst sabotieren. Finden Sie heraus, mit welchen Ausreden Sie sich vom Leben abhalten, und lassen Sie sich das ab sofort nicht mehr durchgehen! Oder machen Sie aus der Not eine Tugend und gründen Sie eine Beratungsagentur für unwiderstehliche Ausreden.

5. Bezahlen Sie den Preis!

Ja, damit ist auch die Kursgebühr beziehungsweise das Trainerhonorar gemeint – aber eben nicht nur. Ein neues Leben gibt es nicht zum Nulltarif. Sie werden womöglich früher aufstehen, Ihren Alltag besser organisieren, längere Wege zurücklegen müssen, um Ihre neuen Ziele zu erreichen. Die aber verleihen Ihnen Flügel, und deswegen kriegen Sie sogar Dinge hin, die richtig wehtun. Zum Beispiel nur noch alkoholfreies Bier zu trinken.

6. Seien Sie rücksichtslos!

Jedes soziale Gefüge, der Lebenspartner, die Familie oder der Freundeskreis wird sehr sensibel reagieren, wenn sich einer der Beteiligten plötzlich daranmacht, neuen Ufern zuzustreben. Wie das im Einzelnen funktioniert, muss natürlich ausgehandelt werden. Das ist wahrscheinlich mit Spannungen verbunden, und die müssen Sie aushalten. Erst einmal. Aber »rücksichtslos« heißt ja nicht »asozial«, deswegen dürfen Sie dann auch wieder einen Ausgleich anbieten und zusammen mit dem Partner den Lieblingsfilm anschauen. Auch wenn Sie den schon so oft gesehen haben, dass Sie ihn mitsprechen können.

7. **Stellen Sie sich den Erfolg vor!**
   Und zwar in den allerschillerndsten Farben. Die Menge jubelt. Die Fanfaren schmettern. Die Fans kreischen, flippen aus und tragen Sie auf Händen durch die Arena. Darum geht es, und daran denken Sie jetzt. Immer. Egal, ob Sie eine Trainingsrunde laufen, die Kalligrafiefeder in die Tinte tauchen oder einen neuen Griff auf der Gitarre üben. Und erinnern Sie sich noch an den Klassenkameraden, der früher immer alle genervt hat, weil er so felsenfest von sich überzeugt war? Genau so ein Typ sind Sie ab jetzt auch.

8. **Zeigen Sie sich!**
   Egal, ob Sie Ihre Bestimmung darin gefunden haben, Spitzendecken zu klöppeln oder mit dem BMX-Rad Purzelbäume zu schlagen. Es wird einen Markt, ein Forum oder ein Event geben, bei dem Sie sich präsentieren können. Nutzen Sie die Gelegenheit! Sie werden durchs öffentliche Auftreten noch einmal zusätzlich motiviert und treffen Menschen, die Ihre Leidenschaft teilen.

9. **Lachen Sie die Neider aus!**
   Wenn Sie Ihre Bequemlichkeit überwunden haben und erstmals mit einer Finisher-Medaille um den Hals von einem

Marathon zurückkehren, ist das für all diejenigen, die so etwas nicht hinkriegen, natürlich eine Zumutung. Die Betreffenden reagieren dann manchmal auch mit Spott und Häme. Lassen Sie sich davon nicht beeindrucken. Bleiben Sie freundlich und souverän, und machen Sie sich klar: Die Neider sind der beste Beweis dafür, dass Sie auf dem richtigen Weg sind.

10. **Lassen Sie die Sau raus!**

Man kann das nicht oft genug sagen. Es geht darum, dass Sie Spaß haben, wilden Spaß. Das mag erst einmal egoistisch erscheinen, aber ich bin überzeugt: Nur wer ganz bei sich ist, kann auch anderen alles geben. In diesem Sinne – legen Sie los!